線下導賞

# 屢見仍鮮的香港古蹟

陳國豪
黃柔柔
著

# 序

「尋蹤覓蹟」是在 2018 年 1 月 1 日創立的 Facebook（臉書）專頁。最初成立目的只在紀錄我們在香港探索和到訪過的古蹟。後來得到一眾讀者的支持和鼓勵，我們亦決定投入更多的時間和心力，有系統地紀錄和研究香港自古以來的古物古蹟，尋找一個個古蹟背後的香港故事。

我們是數名文化產業管理學的學生，對香港歷史和古建築的興趣並非憑空而來，通過數年來的考察和資料搜集，由原來認為古建築是平平無奇、冷冰冰，到慢慢懂得欣賞和發掘建築的美，當中過程回想起來甚具意義。成立「尋蹤覓蹟」除了是希望腳踏實地紀錄香港，更重要是希望通過我們的圖文影片推廣香港昔日的美。古建築並非一定曲高和寡，歷史亦不一定是沉悶。

尋蹤覓迹一詞指的是尋找他人的足迹，而我們的「尋蹤覓蹟」追尋的是香港發展到今時今日，隱藏在古蹟背後的歷史故事。香港開埠不過短短百多年，可能有人會認為當中可以考究的古物古蹟不多。然而，小小海港的歷史故事，卻可追尋到三千年以前，被認為是「文化沙漠」的地方，卻是多種不同文化的交匯地，相互衝擊之下再衍生出新的文化，而這一切都體現在香港的古蹟之中。

本書以「線下導賞：屢見仍鮮的香港古蹟」命名，亦是成立「尋蹤覓蹟」的一點初心。無可否認，我們缺乏的是歷史感，對身邊的建

築和歷史不如其他地區的人耳熟能詳。而在今日的香港，就算是位處同一個社區的建築，我們或許亦說不清當中的故事和歷史，屢屢可見但仍然新鮮。故本書特以常見的古物古蹟為題，歸納成十個範疇，為大家介紹這一個個熟悉但陌生的香港古蹟。

香港古建築對大家而言或許冷冰冰，但知曉背後的故事後，豈不令人動容？專頁和網站營運了短短一年，或許暫時未能做出實際的改變，香港的古建築保育仍然有許多改善的空間。在此，感謝各位讀者的支持，為我們帶來極大的鼓舞和動力。

最後，感謝明報出版社和一眾出版同好*的幫忙，令我們第一本書籍順利出版，亦使專頁邁進了新的一步。希望接下來的日子，能與各位一同為文化遺產保育努力。

*原稿工作團隊*
文字／攝影：陳國豪
繪圖／平面設計：黃柔柔
校對：曾一澄

# 目錄

# 第二章 人類存在的證明——香港古老石刻

「尋蹤覓蹟」（「阿蹟」）為大家提供線下導賞，目的是尋找昔日香港，至於應該由何時何地開始呢？若從近代殖民地歷史説起，就應從英國人登陸的 1841 年開始；若以歷史上的興盛期而言，應是明清年間。然而，有關這個地方的歷史，原來最早可以追溯到數千年前。要真正了解香港歷史，就應由考古發現開始了解，其中一項就是新石器時代的石刻。大家沒有看錯，阿蹟亦沒有寫錯，香港雖然是現代化程度極高的城市，有文字記載的歷史亦不長，但的確保留着新石器時代先民存在過的證明。

香港石刻的意義不單止是數塊有雕刻圖騰的石塊，更重要的是印證了當時的香港有先民聚居和活動，而且按石刻的紋理和圖騰，亦可推測當時的先民可能已經出現對神明或自然等的崇拜，更進一步研究古代的人口流動和文化的傳播，間接反映新石器時代香港的文明發展程度。當然，礙於文獻和史料的不足，要完全解讀和研究石刻，仍是困難。

香港現時共有八大石刻被列為法定古蹟，包括：東龍洲、石壁、蒲台島、長洲、大浪灣、龍蝦灣、黃竹坑以及滘西洲，光看地名已經能聯想到這些地方多為偏遠的海邊。大家或許會覺得石刻就只是數塊石塊，可是它們與甲骨文不同，大部分缺乏文字的描述和記載，令人難以理解當中的含意。按照現今對石刻的理解，石刻的出現是在各種神祇尚未成形前，先民為了鎮壓災厄以及祈求未來的日子風調雨順的原始崇拜。有關古石刻的導賞，阿蹟就會為大家挑選當中具代表性的四處作詳細解讀。

# 八大石刻分佈圖

新界

大嶼山

黃竹

石壁石刻

長洲石刻

滘西洲石刻
九龍
龍蝦灣石刻
香港
大浪灣石刻
東龍洲石刻
蒲台島石刻

# 1 蒲台島石刻

## 雲雷紋

*Po Toi Island Rock Carvings*

香港一般的歷史建築、法定古蹟大多只有百年的歷史，而要有千年歷史並且保存至今，大概只有考古遺存和古石刻。香港的氣候為亞熱帶氣候並且位處沿海地區，潮濕的天氣令木構建築不利保存。即使是石砌或鋼筋結構的歷史建築，亦會因城市發展而被犧牲。而且，強烈的海風和海浪會為沿岸帶來風化及侵蝕作用，新石器時代的遺址要在南方地區保存下來並且被後人發現絕非容易的事，而偏偏香港就有八處歷史超過千年的古老石刻得以保留下來，其中一個就是接下來要介紹的蒲台島石刻。

| 古蹟資訊 | |
|---|---|
| 名稱 | 蒲台島石刻 |
| 級別 | 法定古蹟 |
| 區域 | 離島 |
| 地址 | 蒲台島南氹灣 |
| 前往方法 | 從香港仔碼頭或卜公碼頭乘搭街渡前往蒲台島，沿山徑及石階走到海邊。 |
| 開放時間 | 全日 |

右方石刻，由6個螺旋迴紋組成

蒲台島碼頭

石刻位處蒲台島，以雲雷紋刻成的石刻，1979 年被列為法定古蹟

## 古蹟背景

大家假如前往蒲台島，就要留意街渡的時間，只有星期二、四、六及公眾假期才有街渡由香港仔碼頭開出。到達蒲台島碼頭，往右方小路沿指示前行，就可以從政府興建的石級到達石刻平台。

在八大石刻中，蒲台島石刻為早期被發現的新石器時期石刻。蒲台島位處香港離島區的東南端，因地勢平坦如海上浮台，故得名蒲台。蒲台島的地質以花崗岩為主，花崗岩的抗蝕能力相對其他岩石為低，在長期的風化和侵蝕作用之下，形成島上各式各樣的奇石。

「蒲台石刻」，又稱「摩崖石刻」，位處南氹石壁之上。早在石刻被正式發現前，島上的漁民間就有關於蒲台島石刻的傳言，據説石刻之所以能在 1960 年被學者發現，全賴有漁民的提示，但此點就無法考證了。蒲台石刻位處香港最南端，推算有三千年的歷史，離海面有 5 米的距離，斷崖整體長 13 米、高 4 米。石刻由一條 70 厘米闊

當地居民製作的路線指示

的石縫分隔成左右兩邊，左邊的面積約為3.2平方米，而右邊的面積約為2.8平方米，可謂相當壯觀。

站在石刻前，大家可以先細心觀察一下石刻的圖紋。雖然石刻受過風化和侵蝕，但石上所刻的圖紋仍能辨識。圖紋的左方為一組由線條構成的圖案，狀似動物和魚類，但被風化程度比較高，紋路較淺；而右方則由螺旋迴紋連結組成的圖案，當中就有6個四方形的迴紋，與新石器時代流行的雲雷紋紋飾狀相似。

## 古蹟小知識：雲雷紋

雲雷紋顧名思義是指仿雲仿雷的紋飾，多用在青銅器上作裝飾之用，亦有出現在陶器、瓷器和漆器之上。雲雷紋可細分為雲紋和雷紋：雲紋多以圓形、弧形的捲曲線條呈現；至於雷紋，就以方形的迴狀線條表現，兩者單獨存在或共同存在都會被稱為雲雷紋。這種新石器時代出現的紋飾，成為日後商周青銅器時代與饕餮紋並存的背景。

以圓弧形和方折迴紋兩種線條刻劃的圖騰，紋路清晰易辨，但刻在海邊懸崖上的雲雷紋到底有什麼意義？以蒲台島上的石刻為例，其位置正對海邊，雷雲皆為海邊居民畏懼的自然現象，單純從此角度理解，刻鑿石刻有對大自然的畏懼和崇拜之意，亦有鎮海護航之用。要知道雲雷紋多出現在祭祀禮器之上，兩廣一帶亦有拜祭、崇拜雷電的文化，所以可以推算這大概是禮器出現前的雕刻，用作祭祀用途。

## 古蹟的故事

關於蒲台石刻，亦有流傳一個故事。據説在1920年代一位香港大學的考古學者Shellshear，在大嶼山大灣發現了一把表面仍未氧化生銹的古劍，現存大英博物館中。當時這位學者認為此銅劍為漢朝的工藝，劍身上的紋飾亦與蒲台島發現的石刻有相似之處，即雲雷紋。惟古劍未經化學化驗並且現存他鄉，所以這個傳言當故事一聽就好了。

**左方的石刻，狀似動物和魚類**

# ② 長洲東灣石刻

## 雲雷紋

*Cheung Chau Rock Carvings*

| 古蹟資訊 | |
|---|---|
| 名稱 | 長洲石刻 |
| 級別 | 法定古蹟 |
| 區域 | 離島 |
| 地址 | 長洲東灣、華威酒店下方 |
| 前往方法 | 由中環碼頭出發，乘搭前往長洲的船隻。 |
| 開放時間 | 全日 |

## 古蹟背景

長洲，為一連島沙洲，有啞鈴島之稱，據長洲灣考古發掘遺址推算，約四、五千年前就已經有先民聚居此地。東灣石刻位於連島沙洲的東南部，即是在現今華威酒店的下方。

長洲東灣石刻是香港八大石刻之一，詳細的刻鑿年份就已經無法考證，只能確定是新石器時代的遺址。長洲東灣石刻在 1970 年代由香港大學地質學者彭祺瑞在東灣和觀音灣之間發現，與大浪石刻被發現的年份相同。當時發現石刻的時候，其實只能看到其中一組的紋飾，而另一組則被泥土掩蓋。

## 古蹟的故事

與蒲台島石刻的保存狀況有所不同，長洲東灣石刻所受到的風化侵蝕作用較為強烈，石面的紋理變得模糊，故現場就以玻璃框架圍封以減輕海風的侵蝕。石刻上紋飾同樣可以分成左右兩邊結構，並且風格相似，

**位於長洲東灣，推斷是雲雷紋石刻，1982 年被列為法定古蹟**

左邊石刻

皆由數條曲線環繞小凹槽構成，而這種風格的紋飾與青銅時代的雲雷紋極為相近。右邊紋飾的面積約為 2.75 平方米，而左邊的紋飾則為 1.2 平方米，差距頗大。按照石刻風化的程度和紋飾推斷，其刻鑿與青銅時代相約，即有三千年以上的歷史。

這種石刻並非隨意雕刻，所在之處是基於附近有否存在聚落，此點亦間接印證長洲三千年前就已經有先民聚居。而且，石刻所在之處面臨大海，圖騰與蒲台島石刻同為雲雷紋，古人生活深受自然影響，對於無力改變的現象就只能相信刻鑿瑞獸紋飾有鎮海護航及祈求風調雨順之用，反映了當時的居民的原始信仰和文明的發展程度。

右邊石刻

# ③ 西貢東龍洲石刻

蟠螭紋

*Rock Carving on Tung Lung Chau, Sai Kung*

位於西貢南端的島嶼，推斷為蟠螭紋石刻，1979 年被列為法定古蹟

| 古蹟資訊 | |
|---|---|
| 名稱 | 東龍洲石刻 |
| 級別 | 法定古蹟 |
| 區域 | 離島 |
| 地址 | 西貢東龍洲 |
| 前往方法 | 乘搭由鯉魚門開出的街渡。街渡於星期六、日運作。 |
| 開放時間 | 全日 |

## 古蹟背景

東龍洲，又稱東龍島，為西貢區最南端的島嶼，因位處佛堂門的南端，古時亦有南佛堂之稱。

與以上提及的石刻有點不同，雖然同樣都是新石器時期的產物，但西貢東龍洲石刻就曾經有文獻記載。嘉慶年間編制的《新安縣志》就有這樣的一句描述東龍洲的石刻：「石壁畫龍，在佛堂門，有龍形刻於石側」，就是指東龍洲佛堂門前、石刻之上雕有龍形圖騰。

前兩個石刻呈現的都是由圓弧和方形線條構成的幾何紋飾，而東龍洲的比較特別，是真真正正的獸形圖騰。圓弧線條和方形迴紋相互交錯，構成獨特的紋飾，狀似龍形。

雖然在嘉慶年間的《新安縣志》指佛堂門的石刻為龍形的圖騰，但歷來的學者就有不同的看法，既有學者認為圖紋為鳥類捕食魚類的場景，另一個說法就指所謂的「龍形」是由兩隻大鳥構成。

除文字記載和獸形的圖騰外，東龍洲石刻的另一特點就在於其為香港境內現存面積最大的石刻，約 6 平方米。

## 古蹟小知識：蟠螭紋

要了解石刻上的圖騰，就要先由蟠螭紋說起。蟠螭紋為龍紋的一種，「蟠」有盤繞的意思，而「螭」則有數種不同的解法，既可解作無角的龍，又可解作龍的九子之一——雌龍等。《說文解字．蟲部》：「螭若龍而黃，北方謂之地螻。從蟲離聲。或雲無角曰螭。丑知切。」就是對「螭」的概括。作為紋飾，「蟠螭」合在一起，就是「螭」相互盤繞的紋式，形成帶狀的圖騰。蟠螭紋盛行在戰國時期的玉器上，作為主紋裝飾，亦是青銅器上常見的裝飾。不同時代的蟠螭紋都有不同之處，在玉器和青銅器之上紋飾就會更為細緻。此點若有機會，會再為大家詳談。

右方石刻，圓弧線條和方形迴紋相互交錯

左方石刻，狀似龍形圖騰

# 4 黃竹坑石刻

饕餮紋

Rock Carvings at Wong Chuk Hang

| 古蹟資訊 | |
|---|---|
| 名稱 | 黃竹坑石刻 |
| 級別 | 法定古蹟 |
| 區域 | 香港島 |
| 地址 | 南區黃竹坑 |
| 前往方法 | 各區巴士和港鐵，到達南風徑便能找到入口。 |
| 開放時間 | 全日 |

位於港島黃竹坑的山澗，推斷為饕餮紋石刻，1984 年被列為法定古蹟

## 古蹟背景

如果大家要前往位處黃竹坑的石刻，就要打醒十二分的精神，此處的石刻最為隱蔽，入口的指示亦不明顯，加上路途崎嶇不平，絕對要注意安全。沿着黃竹坑食水抽水站旁的石級，拾級而上經過閘門及石橋，就能見到這座石刻。

黃竹坑石刻同樣是法定古蹟，與其餘的石刻不同，黃竹坑石刻的位置是唯一一個位處內陸，遠離海邊。石刻何時雕鑿，在缺乏考古資料和文字記錄下已經難以稽考，但單從紋飾的風格推測，與香港出土的青銅時代陶器和青銅器紋飾類近，估計約為三千五百年前的產物。

石刻上的紋飾同樣是以迴旋紋雕刻出來的幾何紋飾，風格上跟其餘七處的石刻相若，與長洲東灣和蒲台島石刻的紋飾就最為相近。同樣是幾何圖案，這組黃竹坑石刻的紋飾就不再是雲雷紋或是蟠螭紋，而是與

唯一一個位處內陸的石刻

卻沒有身體，為貪慾的象徵，其紋飾常在周朝的鼎上出現。饕餮曾在奇書《山海經 · 北次二經》中出現：「鉤吾之山其上多玉，其下多銅。有獸焉，其狀如羊身人面，其目在腋下，虎齒人爪，其音如嬰兒，名曰狍鴞，是食人。」當中的狍鴞，後人註釋就是饕餮，而在明代就被列為龍生的九子之一。無論是何種的註解，饕餮都是被歸類為古代的異獸。至於古代先民為何要在石刻之上刻鑿如此兇猛的怪獸？大概都是相信以此圖騰，能夠鎮住未知的自然災害。

饕餮紋最為吻合。

石刻的面積約為 6 平方米，三組迴旋紋分散在垂直的岩面之上，即使歷經數千年的風化，線條仍頗為明顯，與雲雷紋相似，但其狀更像模仿動物的眼睛，而這種動物就是青銅器和陶器上常見的饕餮。無論是何種紋飾，先民刻鑿石刻很大可能都是出於對自然的崇拜，有鎮海護航和祈求平安的願景。

## 古蹟小知識：饕餮紋

又有獸面紋之稱，是史前及商周時代盛行的紋飾，常於陶器和青銅器上出現。而在香港，除了黃竹坑外，大浪灣古石刻同樣都是饕餮紋的石刻。有關饕餮的記載，早在戰國末年《呂氏春秋 · 先識》就有提及：「周鼎著饕餮，有首無身，食人未咽，害及其身。」所以饕餮的形象大概就是有頭

右方石刻

左方石刻，石上為迴旋紋路，狀似動物的眼睛

## 小結

香港的石刻有幾點特別之處，有別於其他地區所發現的石刻，香港古石刻的位置是位於東南面的海邊而不是位處山洞之中，而且所刻的紋飾是較為複雜的幾何圖案，至今仍未完全解讀。由於位置偏僻，所以大家若要前往，就要先做好乘風破浪出海的心理準備。

## 第一章參考資料及延伸閱讀

古物諮詢委員會：《列為香港法定古蹟的石刻和刻石》（2011）

香港史學會：《文物古蹟中的香港史 I》（香港：中華書局，2014）

秦維廉：《香港古石刻》（香港：作者自刊，2009）

北帝殿
八公殿

# 第二章
# 原始信仰的演變——香港古廟

介紹過香港的古老石刻，各位可能會覺得石刻年代久遠，與現今的生活有相當的距離感，數個圖騰圖案又甚少文字記載，難以領會當中的含意。故此，第二站要為大家介紹的古蹟，自然就是香港比較早期的建築。

時光飛逝，猶如白駒過隙，有誰想到數千年之後香港竟會成為英國人的殖民地。在英人登陸水坑口的 1841 年之前，本地居民多以第一產業捕魚、打石和農業為生。古時的科技並不發達，漁業和農業都只能「盡人事，聽天命」，人力解決不了的問題自然就會尋求神祇的庇佑。香港古老的石刻雖然沒有文字的敘述，但也反映着古老先民對神祇和自然的信仰。原始信仰經先民有系統的發展，或因移民傳播，慢慢落地生根，建祠入廟。圍繞着這些廟宇，逐漸亦形成一個個有規模的華人社區。

# 5 銅鑼灣天后廟

## 與紅香爐傳說有關

*Tin Hau Temple, Causeway Bay*

| 古蹟資訊 | |
|---|---|
| 名稱 | 銅鑼灣天后古廟 |
| 級別 | 法定古蹟 |
| 區域 | 銅鑼灣 |
| 地址 | 香港銅鑼灣天后廟道 10 號 |
| 前往方法 | 港鐵天后站 A1 出口沿天后廟道上斜，進入公園便到達。 |
| 開放時間 | 每天上午 7 時至下午 5 時 |

銅鑼灣天后廟，以往被稱為紅香爐天后廟，此點與紅香爐的傳說有關。建廟的因由和年份已不可考，但可以知道當中的紅香爐和清朝的香港島舊稱「紅香爐山」、「紅香爐汛」有密切的關係。

走進天后廟之前，首先為大家介紹天后廟中的主角——天后。大家除了知道有一個同名的港鐵站，以及農曆三月二十三日的天后誕，對天后還有多少認識？據華人廟宇委員會的統計，天后廟的數目為香港廟宇之中排行第一，曾經就有三百五十多座分佈在港九新界及離島地區，香火鼎盛。

### 神祇簡介——天后

天后在坊間一直有很多不同的名稱，如「媽祖」、「亞媽」或「天妃」等。儘管天后稱呼有數個，但其本名林默娘的說法最為統一。天后相傳是降生於北宋時期（亦有說是生於五代十國時期）的福建莆田，由

古稱鹽船灣紅香爐廟，又稱紅香爐天后古廟、天后古廟等，建成年份不詳，1982 年被列為法定古蹟

**道光年間的石獅和同治年間的石樑**

出生直到彌月都不曾發出哭聲，故取名「默娘」。作為神話傳説當中的人物，林默娘生而不平凡。年幼時遇方士授學，能預知人間禍福；長大後常於海邊提燈預示海難，亦有元神出竅幫助海上的遇險者。28 歲時，因得知父兄突遇海難船毀人溺，不惜飛身入海拯救父兄而罹難。林默娘救人之事就被廣傳開去，隨着後來明清時期以海謀生的人愈來愈多，天后的信仰亦逐步沿海發展，傳播到不同的地方，日本及菲律賓一帶亦有天后廟的存在。林默娘最初被稱為「神女」，經過歷朝歷代帝皇的加封，逐漸由「夫人」、「天妃」到今日大家所熟悉的「天后聖母」。全港的廟宇，以供奉天后的廟宇為數最多，建築風格和佈局自

**銅鑼灣的天后古廟內部**

「二龍爭珠」的前進屋脊

然會「各處鄉村各處例」，但唯一共通就是天后的法相，約定俗成為頭戴鳳冠、身披紅衣、容貌端莊的女性。

## 古蹟的故事

不同地方所建的廟宇，都被賦予一段富神話色彩的故事，而香港的天后廟就以漂浮之說如拾獲奇石、神像等立廟，當中是否屬實就已經無從考究。數香港歷史最為悠久的天后廟，非西貢佛堂門天后古廟莫屬，但假如是選同類廟宇建築中的佳作，就是位於銅鑼灣的天后古廟。

銅鑼灣天后廟由戴氏家族興建，建廟年份僅可通過廟中最早期的文物——乾隆十二年歲次丁卯（1747 年）的古鐘推測為清朝初年，確實年份暫難考證。相傳戴氏族人在銅鑼灣岸邊割草時拾獲紅香爐（亦有說是拾獲一具神像或一枚香爐狀的紅色石頭），而當時的香港先民從事漁業為主，有拜祭天后娘娘的傳統，便認為隨水而來的香爐是天后的顯靈，故以香爐來上香祭祀，就地建祀。隨着前來上香的信眾日漸增加，經費幾經籌募，便興建了這座天后廟。銅鑼灣天后廟因其靈驗而被廣傳開去，附近一帶亦有被稱為「紅香爐山」，沖來香爐的港口就稱為「紅香爐港」，及後「紅香爐港」就泛指港島一帶。

## 建築特色

介紹過天后的故事和天后古廟建廟的背景後，大家就可以把目光放在廟外。

率先映入眼簾的是廟門橫額「天后古廟」四個大字與門聯（皆為同治七年，即 1868 年重修時所立），廟門外部石楳亦有同治

「虎變」灰塑

七年的字樣，兩旁石獅呈對稱狀，雕刻有「興邑刁爵」，為道光廿五年的產物。天后古廟最令人嘆為觀止的是巧奪天工的屋脊，裝飾極其華麗。屋脊兩端分別飾有傳統的「博古」和「鰲魚」的陶塑，屋脊的前進就是色彩斑斕的二龍爭珠，後進則有以中國傳統戲曲場景為題的石灣人物陶塑瓦脊。廟內裝飾和對聯所採用的剪瓷工藝，在香港甚為罕見。

銅鑼灣天后廟在同治七年（1868 年）重修，現今的廟宇是保留復修後的原貌。既然是典型的廟宇建築，格局上與傳統的中式建築相互呼應。天后古廟屬兩進三間式建築，以青磚綠瓦蓋成屋頂，門前有擋中擋煞。兩進之間原為天井，後加上屋頂而成為香亭。正殿供奉天后、包公和財神，主殿與偏殿之間有月門分隔。由於古廟是採用左右對稱的佈局，故兩旁皆有側殿，左為「戴福堂」，右為「百家神殿」，分別佈有書前「瞻雲」的門額和「龍化」灰塑，以及另一旁「就日」的門額和「虎變」灰塑。

廟內的文物有相當長的歷史跨度，由歷史最悠久的古鐘（乾隆十二年，即 1747 年）到光緒廿八年（1902 年）的銅聚寶爐和香爐，珍貴的文物及歷朝歷代帝皇對天后的多次加封，令原本只是民間的信仰發展成宮方認可的神祇，隱約反映了清朝當年的政治及對南方群眾的籠絡。天后古廟經歷百年歷史，當中的牌匾、對聯、香爐、石獅、石案等其他文物，皆由清代保存至今，甚為珍貴。

### 古蹟小知識

根據 1928 年通過的《華人廟宇條例》，全港廟宇皆由華人廟宇委員會管理，但由於天后古廟為私人業權的原因，現時仍然是由戴氏族人自行管理。

廟內歷史最悠久的乾隆十二年古鐘

# 6 灣仔北帝廟

## 港島面積最大的廟宇

Wan Chai Pak Tai Temple

| 古蹟資訊 | |
|---|---|
| 名稱 | 灣仔北帝廟 |
| 級別 | 一級歷史建築 |
| 區域 | 灣仔 |
| 地址 | 香港灣仔隆安街 |
| 前往方法 | 港鐵灣仔站 A3 出口沿太原街前行，轉入石水渠街上斜步行至盡頭。 |
| 開放時間 | 每天上午 8 時至下午 5 時 |

原稱玉虛宮，於清朝同治二年建成，現為一級歷史建築

清代名將張玉堂以拳書寫上的「玉虛宮」

介紹過天后廟後，就來到香港的另一個民間信仰——北帝。鄉民、漁民建廟供奉天后為求風調雨順、漁獲豐收，而拜祭北帝又是否不同？

### 神祇簡介——北帝

正所謂「入屋叫人，入廟拜神」，各位參觀北帝廟之前又豈能對北帝一無所知？北帝、天后與洪聖同樣是沿海居民所崇拜的神祇，香港有為數不少的北帝廟，縱然廟中的北帝法相多少會有點分別，但總是離不開頭戴冠、散髮跣足、玄袍金甲、五綹長鬚、手持劍訣及腳踏龜蛇，一切都是象徵正氣和邪不能勝正的道理。北帝，本稱「玄武大帝」，又稱「玄武神」、「玄天上帝」和「黑帝」，至於比較冗長的全稱就是「北極鎮天真武玄天上帝玉虛師相金闕化身蕩魔永鎮終劫濟苦天尊」。

北帝象徵星宿中的北極星，五行屬水，四象之中象徵玄武。出自道教經書中的北帝，相傳是太上老君在人間的化身，由於在武當山修道修成正果而被玉皇大帝封為太玄。亦有一説指北帝本為淨樂國王子，修道後來助武王斬妖除魔有功，被封為玄天上帝玉虛師相。

如果説信奉天后是為了祈求出海風調雨順、漁獲豐收，拜祭洪聖是為了祈求保佑南方不再發生水患，那麼古代先民又是出於何種原因以北帝作為信仰之一？古人相信北帝是統領北斗星群，可求長壽；另外，北帝在五行之中又是代表水，南方的水由北方而來，故在南方一帶亦有稱北帝為水神，祭祀北帝就能控制水源的多少。每年的農曆三月初三，是為北帝誕，善信都會前往此廟虔誠敬拜，祈求平安。北帝作為其中一種普遍的民間信仰，最初並非在南方珠江三角一帶流行，只是經過歷朝的帝王加封使其地位逐漸發展成南方海神。

## 古蹟的故事

了解北帝的背景後，各位團友就可以起行參觀北帝廟。沿藍屋路旁緩緩向上走，走到盡頭就能發現玉虛宮。沒錯，是玉虛宮而非北帝廟。在道經中北帝的住處實為玉虛宮，只是後來易名北帝廟。這所 1862 年由灣仔街坊集資興建而成的廟宇，當年需要坊眾相當高的集資能力和參與程度才能建成如此規模的廟宇。北帝廟當中不只北帝一位神祇，當中更有觀音、呂祖、龍母、包公、三寶佛、華陀、太歲及財神等神祇。值得一提的是廟中的華陀像，該像是由藍屋前身的華陀廟遷來的。

值得留意的是，灣仔北帝廟建於 1863 年，至今已有 156 年歷史，廟中的其他文物如

正脊飾上石灣陶瓷：雙龍戲珠

精緻的浮雕壁畫

文物展櫃

銅鐘皆為 18 世紀的產物，但廟中有一文物是明朝萬曆年間的產物，其歷史遠超北帝廟，為何明朝的文物要置於清朝所建的廟宇之中呢？

北帝廟內供奉的北帝像，為明朝萬曆三十一年（1603 年）歲次癸卯仲秋吉旦立，重六百多公斤，高達 9 尺，以銅所鑄。至於為何四百多年歷史的銅像會出現在僅百餘年歷史的廟宇中？北帝像的左腳就刻有這樣的兩段文字:「廣東珠池市碧善宮」及「大明萬曆三十一年歲次癸卯仲秋吉旦立」，即表示銅像原為廣東省的道觀「碧善宮」所有，後來因為戰亂，被香港商人曾富在 1926 年以 10,000 港元購得，並把這座當時香港最大的銅像供奉在曾富別墅裏的「五龍院」，在 1928 年亦曾開放予公眾參觀。只是日佔時期，曾富的別墅被移平用來擴建啟德機場，銅像輾轉之下就被移至灣仔北帝廟。

## 建築特色

來到北帝廟，先不用著急進入廟內，放慢腳步欣賞廟外華麗的裝飾。在灣仔北帝廟前沿樓梯拾級而上，門額斗大富麗的「玉虛宮」三字隨即映入眼簾。這三字由清代名將張玉堂以拳書寫上，所謂的拳書並非以雙拳敲擊石塊，而是以棉布包着拳頭沾墨所寫出來的書法。門額上亦鐫刻着「同治元年歲次壬戌仲冬吉旦」。順帶一提，張玉堂為清朝名將，鴉片戰爭時被調派到九龍作防守大將，駐職於九龍城寨。除了灣仔北帝廟的門額，九龍城的侯王廟及城寨公園等也留存了他的墨跡。

與大部分廟宇建築無異，灣仔北帝廟正脊飾有雙龍戲珠的石灣陶瓷，龍為四靈之首，而龍珠為龍的寶珠可避水火。故雙龍一同戲珠，有着吉祥安泰和平安長壽的祝願，附加龍身於廟宇的屋脊亦具庇護的象徵。屋脊兩端按照傳統，飾有「博古」和「鰲魚」。

屋簷及內部也有不少以戲曲為題材的裝飾及人偶，古人認為神亦跟一般人一樣需要娛樂，所以把神祇人格化，戲曲為題的裝飾亦只是象徵式意義，娛神娛人。廟外牆壁亦有五幅精緻的浮雕壁畫，皆以祝福吉祥為題材，如「八仙過海」作賀壽；「聚寶圖」祝福家肥屋潤；「松鶴連年」祝賀長命百歲等。

欣賞過廟外的裝飾，是時候入廟參觀了。格局上，此廟屬四合院三進三間式，大門後有中堂，再往內走就是正殿。主殿左右兩側分別面積可同有龍母殿、三寶殿及財神殿，連同主殿一共四個廟殿。廟內主殿供奉身高 3 米的主神北帝，北帝像前有細緻生動的四大元帥泥塑立像，分別為：趙元帥（手持金鞭）、馬元帥（擁有三隻明辨鬼神的眼）、康元帥（手持風火輪）及溫元帥（左手有手印降魔）。

廟內還有很多過百年歷史的各式物品，三清殿旁亦有收藏不少文物的展櫃，可算是一個小小的博物館，其中更包括 1862 年及 1883 年的銅鐘，而上述介紹由張玉堂以拳書題字的門前橫額亦十分有歷史意義。大家到灣仔北帝廟祀拜及參觀之餘，不妨順道欣賞這些具有歷史價值的文物。

## 古蹟小知識

北帝廟的佔地面積為港島廟宇之最，每年的農曆三月初三，是為北帝誕，善信都會前往此廟虔誠敬拜，祈求平安。

北帝與四大元帥泥塑立像

# 7 灣仔洪聖廟

背山面海

Hung Shing Temple

| 古蹟資訊 | |
|---|---|
| 名稱 | 灣仔洪聖廟 |
| 級別 | 一級歷史建築 |
| 區域 | 灣仔 |
| 地址 | 香港島灣仔皇后大道東129號 |
| 前往方法 | 港鐵灣仔站A3出口，沿莊士敦道及大王東街一直走到皇后大道東。 |
| 開放時間 | 每天上午9時至下午5時 |

路過灣仔大王東街，馬路一旁有一不起眼的廟宇，與前兩篇介紹的天后廟和北帝廟不同，沒有華麗的建築裝飾，亦沒有形像生動的神像，但路過的行人中亦不乏前來拜訪的信眾，到底這座小小的廟宇有何來頭？

## 神祇簡介——洪聖

洪聖，為中國南方海神，尊號「南海廣利洪聖大皇」，又稱赤帝。有關洪聖的故事，香港就流傳一個缺乏根據的説法。洪聖本名洪熙，為唐朝的刺史，負責掌管當時的氣象台，以天文地理和數學各科，為出海的漁民商旅觀測天象，降低海難的風險。由於他工作盡心，積勞成疾，以致英年早逝。漁民商旅得知後紛紛為洪熙建廟供奉，後來歷代皇帝更為他加封「洪聖」、「昭順」、「威顯」等封號，成為今日的「南海廣利洪聖大王」，每年農曆二月十三日為洪聖爺誕。

然而這個説法僅在香港流傳，並且沒有史實根據。《隋書．禮儀志》中，在隋代開初以前，珠江三角洲一帶已流行對南海神建祠拜祭，直至隋文帝下詔祭四海，才在廣東始建南海神廟，換言之有關洪聖的傳説應是在隋代以前流傳。假如洪聖是洪熙這個説法不成立，那麼洪聖的真身會是哪位神祇？

廣東的民俗學學者有這樣的一個説法：洪

**建於 1847 至 1852 年間，於 1860 曾進行重建，現為一級歷史建築**

聖雖為南海海神，但同時亦是「火神」祝融。《廣東新語》卷六就有這樣的一段有關南海之帝的記載：「祝融，赤帝也。《淮南子》云：『南方之極，自北戶之界至炎風之野，赤帝祝融之所司是也』《正義》云：『赤帝，南方赤熛怒之神。赤熛怒者，火赫赫炎炎之象。火者南人之命；南人之事赤帝，蓋事火也，事火者事其命也。』」當中的祝融，指的就是火神，亦即是居於南方的赤帝熛怒。唐代文學家韓愈被貶為潮州刺史後，在廣東的南海神廟所立的《南海神廟碑》中，就提及到「海於天地間為物最巨，自三代聖王，莫不祀事，考於傳記，而南海神次最貴，在北東西三神、河伯之上，號為祝融。」就更加印證洪聖即祝融的説法，及其在南方神祇中崇高的地位。

值得一提，各位今時今日所稱呼的「南海廣利洪聖大皇」，亦是經過歷代帝王的加封而成。這個稱號最早是源於唐朝開元年間唐玄宗專封的「廣利王」，儘管宋元年間天后及其他神祇的地位逐漸提高，但洪

洪聖寶殿

聖仍在宋代康定年間獲加封「洪聖」、皇祐年間的「昭順」等稱號。到了元代的非漢文化種族，甚至是明代，洪聖仍多次被確立和正名，隱約中亦可觀察到官方對南方民眾的籠絡手段。

## 古蹟的故事

灣仔洪聖廟建於 1847 至 1852 年間，位處皇后大道東，現時為一級歷史建築。早在廟宇建成之前的 1841 年，就已經有華人在洪聖廟附近的地段聚居。今日洪聖古廟所在的位置，昔日只是一個海濱岩石上的神壇，1847 年由坊眾合力，依山岩建廟。

在廟宇的左方，就有一座名為「望海」的觀音廟，進一步印證昔日的洪聖廟是位處淺灘望海，只是因為後來的填海工程推平灣仔海灣而令其位於今日的灣仔中心地帶。由洪聖廟所在的位置和旁邊的望海觀音廟，彷彿敘述着香港昔日的海岸線和填海工程帶來的變遷。

洪聖廟位於皇后大道東，其面對的兩條街道分別為大王東街和大王西街，到底這兩個街名中的「大王」與「廣利大王」有否關係？填海工程完結後，正值開闢街道之時，洪聖古廟前兩條街道的空地由一位富翁投得，以建住宅。當時富翁想以自己的名字命名街道，但因兩街正對洪聖古廟，那會對洪聖不敬，於是為免得罪神明，就以洪聖大王之名來命名這兩條街。原先這兩條街名為「大王街」及「大王里」，後來於 1915 年「大王里」改為「大王東街」，「大王街」改為「大王西街」。

灣仔洪聖廟不單止供奉洪聖一位神祇，還有「當年太歲」、「金花夫人」、「華陀先師」、「包公丞相」、「老張王爺」、「文昌帝君」、「華光大帝」和「花粉夫人」。早年灣仔坊眾的職業種類不多，當中「金花夫人」是保祐母嬰的神祇，而「花粉夫人」則賜予青春美貌，一般的主婦和當區的妓女亦會前往拜祭。

## 建築特色

在參觀洪聖廟之前，若然想看清此廟，就要保持一定的距離。由於道路狹窄的關係，建議大家先走到對面的馬路。灣仔洪聖廟面積雖小，但仍然依據傳統中式建築的格局而建，三間式的設計就只有一進的深度，故只有一間廳堂。

這座廟最獨特的地方是依山岩而建，從其中一面石梯後方及廳堂內都可以看到巨石接樓的模式，實為壯觀。由屋脊位置觀看，可見其瓦片鋪成的屋頂，屋脊就有雙龍戲珠，兩端的博古鰲魚、兩幅壁畫及泥塑雕像裝飾，對比起其他的廟宇，此類的人偶泥塑和壁畫就較為遜色。

除此之外，門口有土地福德正神，簷下兩隻口含紅珠的石獸，連同門前有多塊紅牌寫有數位廟內供奉的神明的名字如「當年太歲」、「金花夫人」、「華陀先師」等神祇，都可算是洪聖廟的一大特色。

走近洪聖廟參觀，門前鐫有對聯：「廟貌宏開新氣象、神光肅整舊威靈」，亦不難發現門前的一副石柱對聯：「古廟街新　海晏河清歌聖德；下環抃捆　民康物阜被王恩」，當中的下環就是香港開埠初期英國人對港島進行「四環九約」的劃分，下環就是今日灣仔的舊稱。而這副石柱對聯，根據門額上還鐫刻着「咸豐十年重修」，是清朝咸豐十年、即1860年重建時所立。

## 古蹟小知識

根據1928年通過的《華人廟宇條例》，全港廟宇皆由華人廟宇委員會管理，洪聖廟亦是這條條例中特別的例子。早在1928年《華人廟宇條例》生效前，東華三院就接管了灣仔洪聖廟，確實的日期已難以考究，為免帶來大規模的改變，華人廟宇委員會在1971年時就重新以「授權管理廟宇」的條件交予東華三院管理，生效至今。

依山岩而建

# 8 魯班先師廟

工藝非凡

Lo Pan Private Temple

| 古蹟資訊 | |
|---|---|
| 名稱 | 魯班先師廟 |
| 級別 | 一級歷史建築 |
| 區域 | 西環 |
| 地址 | 香港西環青蓮臺 15 號 |
| 前往方法 | 各區巴士到達蒲飛路站，下車後沿蒲飛路走，右轉至山市街，直至青蓮臺後一直走到盡頭。 |
| 開放時間 | 每天上午 9 時 30 分至下午 5 時 |

跟前文提及的天后、洪聖及北帝相比，魯班並不是一個主流的民間信仰，但沒有因此而令供奉魯班的廟宇變得失色。作為供奉「百匠之師」的地方，無論是從工藝還是美學的角度，工匠的巧手和技藝都在此處發揮得淋漓盡致，絕對稱得上是「香港最美廟宇」。

## 神祇簡介——魯班先師

魯班，姓公輸，名般，又稱公輸般。魯班有「百匠之師」之稱，為中國土木工匠的祖師。相傳生於公元前 507 年至 494 年的春秋末期，以建築、木匠和發明等工藝聞名。相傳現今不少工匠所用的工具如鋸、鏟、曲尺及刨皆由魯班先師發明，早在明清時期的北京、蘇州及廣州一帶就被建築行業和俗稱「三行」的木工、石工及泥水工匠奉為尊師。相傳魯班不單發明建造業的工具，更訂立了不少建造的法規，令後世的搭棚業、磚瓦業、油漆業和紮鐵業都奉他為師傅。

魯班本為歷史上存在的人物，因出色的發明和貢獻，死後就被神化，指他是天上宿星的投胎下凡，當然此說僅為傳說並無史實根據。有關魯班先師的身份，早在漢代的《古樂府》就有提出過質疑：「誰能刻此鏤，公輸與魯班」以及後來的《通誌略 · 氏族略》中：「公輸氏，魯公輸般之後也」皆認為公輸與魯班為兩人。至於另一個說法就指古時「般」與「班」為同音字，其

建於 1884 年，由香港「三行」同業集資興建，現為一級歷史建築

出生地為魯國，後人就稱他為「魯班」，故此魯班即公輸。魯班與公輸到底是同一人還是分別兩人，如斯的爭論至今仍未休止，亦無從考究。

同樣地，有關魯班廟內神祇的法相，仍然是沒有統一的標準，廟內的魯班像身穿官服，前方兩旁的門徒分別手持曲尺和墨斗，彷彿勸喻世人凡事要跟規矩有準繩。

## 古蹟的故事

據廟內石碑記載，早在西環七個住宅平台出現前，在清朝光緒甲申年（1884 年），魯班先師廟就已經由當時香港的三行同業（即木工、油漆、泥水）集資興建而成。當年合資捐建魯班廟的人超過 1,172 名，當中以新會人最多，其次則是新甯及順德等，由此可估計開埠初年來港謀生的國內人士的籍貫分佈。

要知道魯班先師廟為百年的木構建築，所用的工藝甚為高超，若要維修保養，所費不菲。2007 年，魯班廟需要維修，但發展局只撥款 71 萬港元，為了節省成本，魯班廟的廟祝及一眾壯丁親身搬運材料到青蓮臺，足足節省了 58 萬港元。

各位如欲參觀魯班廟，要做的事除了細閱本文，就是要自行鍛鍊一番。魯班廟運用的工藝極為高超，雖然位處西環，但所在之處為西環七臺之上，前往的方式就只有步行。由堅尼地城港鐵站出發，要走上數條斜路及青蓮臺、羲皇臺和太白臺數百級的樓梯。

大家沿路走的時候，不妨細心留意一下所謂的西環七臺。香港的街道命名系統中，以「街、道、巷、里、坊、圍」最為常見，至於如此密集的「臺」就比較罕見。除以上提及的三個「臺」，還有學士臺、桃李臺和紫蘭臺都是與詩仙李白有關，文學色彩甚濃。細心留意可能會發現，「七臺」之中還有一個李寶龍臺，顯然是以人物姓名命名，到底李寶龍是何許人？

翻查資料，李寶龍為李陞之子。李陞是香港十九世紀末的首富，曾在 1881 年納税總額為全港第一，李陞街、高陞街及景賢里都曾經是其家族資產。至於西環山的地皮，就曾經屬於李寶龍，但在 1920 年代他就出售了該處的地皮，青蓮臺及該處的魯班廟幾經轉手由合興公司持有。

西環七臺

「五岳朝天式」山牆

持有合興公司的李星衢和譚煥堂，一度希望把魯班廟重建，後來有數名從事三行的工匠商討保留事宜，最後李禮興以「禮興號」名義捐贈，由廣悦堂管理。

## 建築特色

魯班先師廟是兩進式建築，建於清朝光緒十年，屬香港一級歷史建築。廟宇的整體為磚木結構，屋頂以瓦片鋪蓋。魯班廟因應山形地勢，選擇與傳統不同的坐東南向西北的坐向，而整座廟宇最為畫龍點睛之處，是在於各類精品般的裝飾。

爬完數百級的樓梯，走到青蓮臺的盡頭，各位團友可謂苦盡甘來，終於到達魯班先師廟了。儘管如此，建議大家先在廟外停留，細心欣賞這座工藝品，以下就會為大家一一介紹。

### 山牆

光看「山牆」，可能會以為是指青磚鋪成的牆壁，但實際上是指兩個側面上部成山尖形的橫牆。魯班先師廟以彩釉瓦片鋪設屋頂，以嶺南一帶流行的「五岳朝天式」山牆放置在前、後進，五個不同形狀的方塊組成一塊，猶如五個山峰直指長空，氣勢非凡。若然大家想更看清前後進的山牆，建議走到青蓮臺的後方。

除了獨特的山牆外，魯班先師廟的內外牆壁和屋脊，均可見陶塑、壁畫和泥塑等具特色的裝飾。

### 脊飾

看完山牆後，建議各位團友就由屋脊開始看。魯班廟為二進式的建築，由於地勢因素，大家在青蓮臺上只能看到第一進的屋

正中央是雙龍戲珠的陶塑，兩側近末端有一對鴟吻魚形陶塑

脊。屋脊有分正脊和垂脊，正脊是指屋頂最高並且前後兩坡相交之處；而垂脊則是由正脊兩端延伸到屋檐四角的屋脊。

魯班廟所採用的正脊及垂脊皆有石灣陶塑裝飾，石灣鎮製作的陶塑人物或動物裝飾工藝出眾並且色彩斑斕，在不少香港廟宇中都能發現其蹤迹。第一進的正脊構圖上左右對稱，正中央是雙龍戲珠的陶塑，兩側近末端有一對鴟吻魚形陶塑，即為博古鰲魚，形象生動。在一進正脊前方，就佈有以取悦天神為用的粵劇場景，一眾的人物陶塑是向前微傾，此舉是為了令大家從低處仰望亦可看清，而正脊前方的末端則為一對鳳凰。

在垂脊兩端的盡頭，如大家所見左右分別就是老人和年輕女子的陶塑。這對陶塑只要拍照放大一看，便可發現兩人手上分別提起日字和月字的鏡子，故為日月二神。二人原為玉帝身邊的金童玉女，但因爭鬥不斷而被貶下凡，後得太白金星相助最後和好。

**壁畫**

魯班廟為香港眾家廟宇的一大亮點，一共有26幅畫置於廟宇內外及山牆屋脊，如「夜遊赤壁圖」、「達摩渡江圖」、「倚石仕女圖」等，即使時隔數十年，畫作的顏色仍能保持，並且體現出中國傳統文學和美學色彩。最容易觀察的自然是正門門牆上、由11幅歷史上著名文人字畫組成的壁畫，有蘇軾、黃庭堅等的作品，大家到場亦可逐一辨識，必然有趣。

**泥塑**

魯班廟完全是工藝的結晶，一共有九組泥塑，如廟前的兩幅泥塑「商山四皓」和「風塵三俠」，一、二進之間的側面山牆上有「引福圖」，廟後牆頭有泥塑三幅，左為「書圖」，中為「花卉雀鳥圖」，右為「醉酒圖」，書法和花鳥動物為當中的主題。

**石刻與對聯**

正門兩旁有對聯：「規矩常存，絕巧工而溯神聖；道器同貫，由格物以闡治平」；兩旁有對聯：「先賢道貌千秋仰；師範之圓百世尊」。入口處分置財神及門神，據説由李禮興捐獻。數廟中歷史最悠久的文物，是一塊立於光緒十年的石刻，大概是紀錄當年立廟人的所思所想及對先輩的感激之情。

## 古蹟小知識

**1. 根據古物古蹟辦事處 2006 年向民政事務局的建議書，當中提到建議將魯班先師廟改列作香港法定古蹟，但為何最後只是一級歷史建築的評級呢？**

在歷史和建築價值方面，魯班先師廟的工藝和其獨特性是符合條件的，但原來魯班廟所在的地段為當年富商李禮興以「禮興號」名義所捐贈，可惜相關憑據早已丟失。由於業權曾多次轉手，加上業權人已相繼離世，若魯班廟列入法定古蹟，業主將失去建築物的發展權，故只能暫定為一級歷史建築。

**2. 魯班誕與師傅飯**

每年農曆六月十三日的魯班先師誕，亦稱為「師傅誕」，以往就會由管理廟宇的廣悦堂先把廟宇清理粉飾，再分發印有「恭祝魯班先師寶誕」的紗燈籠給前來參拜的信眾。由農曆六月十二日起，就設立道壇超渡建築行業中的亡靈，廟門會搭建一個大士王像和豎立幡杆。正日下午 12 時開始就會進行拜祭儀式，按照傳統會上金豬鮮花、鳴鐘鼓，最後禮成鳴炮。同場亦會有建造業議會訓練學院舉辦「技能提升魯班獎」頒獎典禮，兩日之間既會超渡亡魂，又會獎勵新人，延續魯班精神。

魯班誕當日，更有比較特別的「師傅飯」派發。相傳小孩吃了「師傅飯」，就會工作勤快、尊師重道。「師傅飯」並非什麼名貴菜式，只是白飯加上粉絲、蝦米、鹹蛋或燒肉等，吃的是傳統和人情味。

顏色鮮艷的壁畫

魯班廟內部

## 第二章參考資料及延伸閱讀

丁新豹：〈紅香爐與紅香爐天后廟〉，《香港歷史博物館專題文章》，1999

梁濤：《香港東區街道故事》（香港：三聯書店，1995 年）

黃佩佳：《香港本地風光．附新界百詠》（香港：商務印書館，2017 年）

施志明：《本土論俗：新界華人傳統風俗》（香港：中華書局，2016 年）

HOLLYWOOD RD

# 英國人在香港——殖民地時期早期的政府機關

為大家導賞了香港最古老的石刻和廟宇後，可能大家還會覺得和印象中熟悉的香港有點不同吧？這源自於一段不能磨滅的殖民地歷史，所以要了解認識香港，遊覽最早期的英式建築就能幫到你。

穿鼻之戰
（圖片來源：The Volage and Hyacinth at Chuenpee, 4 November 1839. C. Graham - James Orange (1924). The Chater Collection: Pictures Relating to China, Hongkong, Macao, 1655-1860. London: Thornton Butterworth Limited. p. 123.）

英國人佔領香港並非出於偶然，早在 1767 年，英國就已經流傳香港島的海圖，圖中就以范春洲 Fan Chin Chow 來標示香港島，並且在 1810 年代，以英國東印度公司之名勘探珠江口香港一帶地形，亦意識到香港在作為貿易港口上的作用。其後在 1834 年到 1839 年間，英國的船隻不時在香港水域停泊考察。

經歷了 1839 年的「穿鼻海戰」，清兵和英軍都養精蓄銳。到了 1841 年 1 月 7 日，英軍再次大舉進攻廣州一帶，清軍戰敗。同年的 1 月 20 日，在缺乏清廷的同意下，駐華商務總監義律就單方面實行了《穿鼻草約》的內容，強佔香港島，並在 1 月 26 日由遠東艦隊司令伯麥（Gordon Bremer）率領海軍陸戰隊登陸港島「大笪地」，舉行升旗儀式，香港就這樣開埠了。

登陸港島後，英國人的當務之急就是建設政府機關。現今對 1840 年代至 1997 年間興建的建築都統稱為殖民地時期的建築，假如詳細研究，這跨越百年的殖民地時期可細分為四個時段：維多利亞時期、愛德華時期、戰前現代及戰後現代時期。數當中最具英倫建築風格的殖民地建築，自然是維多利亞時期及愛德華時期興建的建築物。這系列的建築物有一大特點，就是位處中環，當中最具規模亦是早期的殖民地政府機關——大館建築群。

# 大館建築群簡介圖

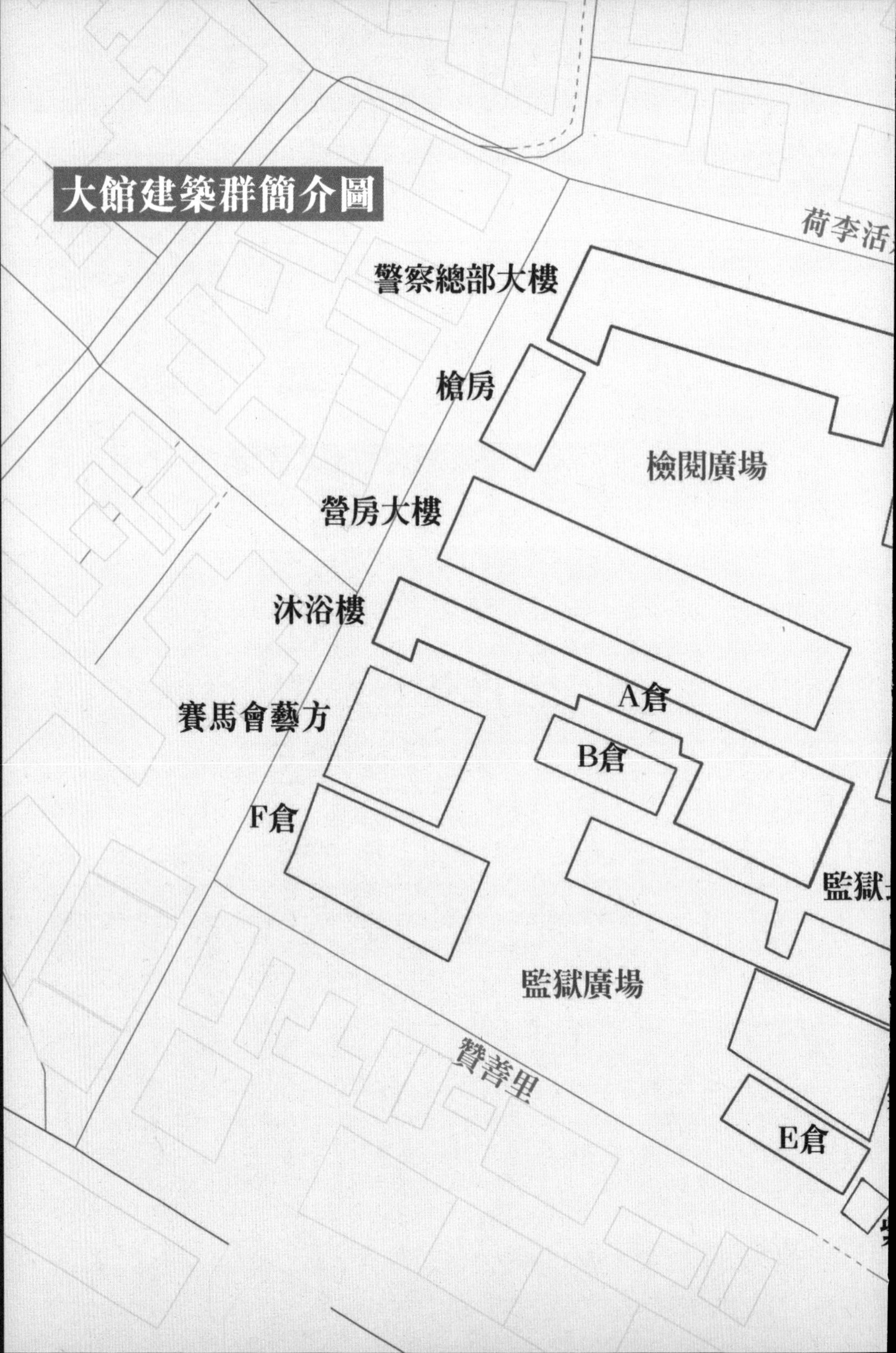

荷李活

警察總部大樓

槍房

檢閱廣場

營房大樓

沐浴樓

A倉

賽馬會藝方

B倉

F倉

監獄

監獄廣場

贊善里

E倉

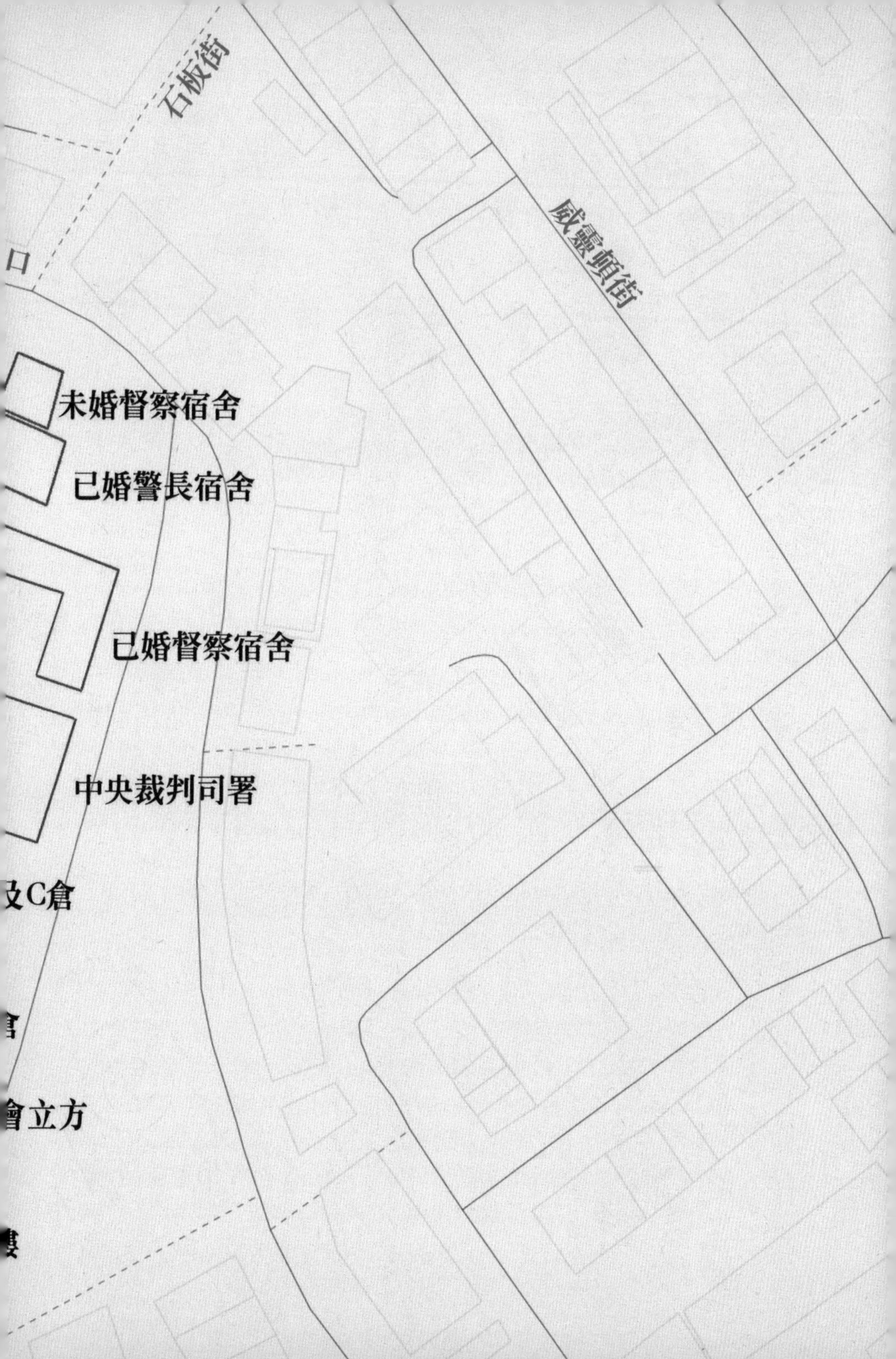

石板街
威靈頓街
口
未婚督察宿舍
已婚警長宿舍
已婚督察宿舍
中央裁判司署
及C倉
會立方

# 「大館」

被公眾稱為「大館」的舊中區警署正門

前中區警署建築群，俗稱「大館」，對上一代香港人而言這個地方是三個威風凜凜、重門深鎖的政府機關：域多利監獄、前中央裁判司署及前中區警署，三座建築皆在 1995 年被列為法定古蹟。

經過香港賽馬會和香港特別行政區政府的夥伴合作項目「中區警署建築群活化計劃」後，中區警署建築群成為集古蹟和藝術於一身的歷史建築群。「大館」並非中區警署建築群的正式稱呼，而是由於 1880 年代公眾及各大報章沿用這個綽號，出於對歷史的尊重才把活化後的中區警署稱為大館。至於為何坊間會流傳「大館」這個綽號？原來並不是因為其佔地面積龐大，而是因為中區警署有統領各區警務的職能，因此「大」是指總部、地位高的意思。

活化前的大館共有 27 幢建築物，部分逾 140 年歷史，分別作執法、 司法及懲教用途，現時就有 16 幢得以保存。

昔日的大館結合執法、司法、懲教設施於一體的建築，這種形式的建築群甚為罕見。要了解大館，就要由一個英國人開始。自英國人 1841 年佔領香港島後，便委任了當時的陸軍上尉威廉堅恩（William Caine）為首席裁判司，相當於知縣的角色。他先有司法裁判的權力，同年域多利監獄建成兼掌監獄事務，3 年後成立的警察隊使其再有執法權，身兼三職。亦因如此，為了方便管理和辦工，大館建築群就逐步興建起來。威廉堅恩共掌三權 18 年，於 1859 年 9 月離任，及後的堅道（Caine Road）就是為紀念他而命名。

# 9 域多利監獄

## 香港首座耐久材料築成的建築

| 古蹟資訊 | |
|---|---|
| 名稱 | 域多利監獄 |
| 級別 | 法定古蹟 |
| 區域 | 中環 |
| 地址 | 香港中環奧卑利街 16 號 |
| 前往方法 | 港鐵中環站 D1 出口，於畢打街出口右轉，沿皇后大道中直行至閣麟街，步上中環半山自動扶手電梯至大館。 |
| 開放時間 | 每天上午 10 時至下午 11 時 |

首席裁判司威廉堅恩（William Caine）
（圖片來源：Simon Wong 提供）

### 古蹟背景

域多利監獄始建於 1841 年，在 1845、1858、1878 以及 1893 年都先後展開重建擴建的工程。這座 2006 年結束使用的監獄，現已成為大館建築群的一部分，大家如欲前往參觀，只需在網上預訂入場門票即可。

要知道早在 18 世紀初，英軍已在中環奧卑利街後山坡以木石建構了一座監獄，但隨着走私販賣鴉片及抓獲的海盜日漸俱增，此時就需要一座穩固耐久的監獄。作為英國人登陸香港後的第一座以耐久物料花崗石及磚石築成的建築物，其整體設計依隨早年英國監獄流行的單獨囚禁式管理，早

**前稱中央監獄，1899年易名域多利監獄，為香港首座監獄，位於香港島中環奧卑利街16號，於1995年被列為法定古蹟。**

**有文字紀錄、最古舊的域多利監獄建築物，為南組放射式監獄的一部分。**

期建設的部分以小型獨立囚室為主，但倉位仍不敷應用，華人囚犯甚至全被囚禁在數間狹小囚房之內。啟用不足四年的中央監獄，在1845年進行首次的改建和重建，增設了A倉和B倉作集體囚禁的囚室，以及設有12間獨立囚室的C倉。

為了應對人滿之患，中央監獄多次加建監獄樓層以及增設倉房，最大規劃的一次是在1858年展開，歷時四年才完成。該次的擴建按英國當時的監獄標準設計，建成了放射式的三座監獄大樓和兩座翼樓。加上後來的數次擴建，全盛時期的域多利監獄共有六個倉房。二戰過後，監獄多用作收押羈留人士，先後被用作入境處中心及越南難民收容所，在1995年被列為法定古蹟，2006年正式停止運作。

## 建築特色

殖民地統治早期，隨英軍駐港的除了洋行商人和文職人員，還有負責建築的「皇家工兵團」。早期的英式建築以現今的角度可能仍然別樹一格，但當年建樓的目的只有簡單實用，走廊陽台等特色亦只是為了對應香港的亞熱帶氣候而作通風之用，並沒有刻意營造美學和美感。域多利監獄最早的一部分是維多利亞時期的建築，以花崗岩和紅磚石築成，簡約樸實，沒有花巧的裝飾；而後建的部分就以現代主義為建築風格，同樣是以實用為目的，裝飾和美感不是主要的考慮因素。

## 各倉房歷史一覽

域多利監獄為大館內佔地面積最大的建築區，現存16幢的建築物中，就有半數的建築物為監獄設施，先後都經歷過改建及拆卸重建，各座建築的建成年份甚為混亂，阿蹟就用表格的形式和大家一一解構：

| 建築 | 年份 |
| --- | --- |
| A 倉 | 原來的 A 倉為 1845 年所建，經過多次拆卸重建，現址的 A 倉在 1928 年以紅磚砌成，前身為監獄辦公室及小教堂，後來則用作羈留非法入境者。以實用性為主的 A 倉沒有太多花巧的裝飾，單純的紅磚和鐵絲網，增添了一份莊嚴肅穆。 |
| B 倉 | 現時向公眾開放的 B 倉，建於 1910 年，因房內的設計傾向現代主義的建築風格，亦真正作過囚倉之用。為了令公眾了解當年監獄的實際情況，B 倉大致保留了原貌。 |
| C 倉 | 實際建成的年份已難以考究，只能確定在二十世紀的初期。C 倉在域多利監獄中的作用為飯堂及工場，有東西兩翼，後來轉為入境處的接待處，現時是大館內的餐飲商店。 |
| D 倉 | D 倉的歷史早於監獄長樓，為有文字紀錄的最古舊建築物，亦是當年經過日軍轟炸後倖存下來的南組放射式監獄。D 倉的設計仿照早期的英式監獄，始建於 1858 年，囚倉設於走道兩旁，現在仍保存當年用過的石燭台。D 倉的用途不斷改變，先是用作囚倉和醫院，後來改作育嬰房及監獄辦公室。最廣為人知的，當然是 D 倉的地下囚室，曾經用作停屍間，當年流傳石床一度用來處理屍體，並在石床上放血。 |
| E 倉 | 1915 年加建的倉房，同樣是簡約樸實的紅磚建築，據説此樓是當年域多利監獄中的囚犯所興建。經過保育顧問的考察後，E 倉並沒有作出改動，金字形的屋頂及囚室的完整結構都得以保留。 |
| F 倉 | 同樣是建於二十世紀初的建築，為監獄制度改革的象徵。F 倉是訓練囚犯的印刷和紡織工場，在 1914 年已經出現在監獄的圖則之中。1956 年，此倉被改作「指模房」，被判刑的犯人都會在此進行入獄的登記程序，亦是俗稱的「入冊」。<br>域多利監獄唯一的女囚倉，亦是指此倉。在 1980 年港府取消抵壘政策時，港府執行即捕即解的政策，先將非法入境者囚禁在域多利監獄，等候遣返原居地。而在域多利監獄中，F 倉樓上改為大倉並用鐵網分隔六個空間，放置 120 多張「碌架床」，專門囚禁女性非法入境者。 |
| 監獄長樓 | 屬於大館內早期的建築，樓高三層的 L 型建築，建於 1862 年。顧名思義此樓原來的用途是作監獄長辦公室及宿舍，亦是監獄主要的出入口，曾與 C 倉有走道相連，後來隨監獄內部的改建，此樓改為監獄內的教堂，現時就作商店用途。 |
| 紫荊樓 | 為 1958 年「放射式」監獄中用作監察南北兩組監獄的更樓，樓高兩層並設有觀察孔，在 1984 年改變用途，成為香港首個用女囚犯的中途宿舍。 |

監獄石牆

曾用作印刷和紡織工場，後來改作「指模房」的 F 倉

## 「皇家薩克遜號」(Royal Saxon) 事件

大家可能會覺得奇怪，為何中央監獄會和一艘英國船隻扯上關係？事緣是 1858 年的大規劃重建計劃，當年中央監獄就把原有大部分的建築物拆卸，改建成南北兩組「放射式」監獄，以中央監視塔觀察兩邊囚倉的通道，最後就只有南組成功興建。為了配合當時的工程及解決人滿之患，港英政府就以 5,250 港元購入皇家薩克遜號（Royal Saxon），此商船曾在 1839 年間接引發穿鼻海戰。皇家薩克遜號後來停泊在昂船洲海域作海上監獄，每日運送 280 名犯人到岸上興建昂船洲監獄。然而，悲劇亦由此而生。工程展開了一段時期就發生了接駁船與主船相撞的意外，事件令到不少囚犯溺斃。

## 誰在域多利監獄

可能大家會想，被囚進域多利監獄的自然是十惡不赦的罪人，但如果阿蹟告訴大家，越南國父胡志明，以及愛國詩人戴望舒都曾做過階下囚呢？

## 越南國父胡志明

提起越南國父胡志明，大家自然就會想起國父孫中山，坊間亦流傳一個説法指孫中山先生曾被囚禁在域多利監獄。然而，自 1895 年的廣州起義失敗後，港英政府便數次向孫中山先生頒布驅逐令，到 1912 年才正式解除，故並無明確的資料證實孫中山先生曾在此處服刑。而關於越南國父的故事，相信在大館的導賞團略有提及。越共領袖胡志明，曾兩次被囚於域多利監獄，第一次是在 1930 年來到香港的時候，當時化名「宋文初」，秘密組建越南共產黨。

1931年6月，港英政府逮捕胡志明並關押在域多利監獄，可是當時的香港警方逮捕胡志明時沒有出示拘捕令，就憑此點，胡志明的律師向法庭申請「人身保護令」，並上訴至倫敦樞密院，結果胡志明無罪釋放。可是，1933年初，胡志明在前往新加坡的途中，上岸即被拘捕並遣返香港，再次囚禁於域多利監獄。當時的港督為貝璐，他同意釋放胡志明，而胡志明當時亦喬裝成中國學者，悄悄乘船前往廈門，輾轉之下遠赴蘇聯。

## 愛國詩人戴望舒

眾所周知戴望舒是新詩《雨巷》的作者，在1938年因上海淪陷而來到香港，並加入《星島日報》展開他的「抗戰文學」工程。他發表的文章皆離不開抗日。好景不常，1941年香港亦被日本侵佔，當時日軍便以「從事抗日活動」的罪名拘捕了戴望舒，把他關進域多利監獄並施以酷刑。在囚禁的期間，戴望舒分別寫下《獄中題壁》：「如果我死在這裏，朋友啊，不要悲傷，我會永遠地生存在你們的心上。」和《我用殘損的手掌》：「我用殘損的手掌摸索這廣大的土地：這一角已變成灰燼，那一角只是血和泥……」兩首新詩。在域多利監獄囚禁的數月間，得其好友葉靈鳳數次疏通，最終在1942年5月成功保釋戴望舒。

除上述兩位名人外，域多利監獄在日佔時期亦被日軍用作囚禁同盟國政要及將領，1980年代也曾收容越南難民，甚具歷史意義。

1915年加建的E倉

## 古蹟小知識

現代的囚犯雖然失去了人身自由，但在獄中除了工作，還可自由選擇課程就讀，更有康樂活動娛樂。此情此景在百多年前顯然不同，早年的域多利監獄囚犯，受盡不人道的對待。

假如大家今日參觀倉房，會發現倉房的面

積甚為細小，與外籍囚犯不同，早年四百多名華人囚犯就是被關進如此狹窄的牢房，居住環境惡劣之餘，更被分配鑿石的苦役，繫上腳鏈，潰爛截肢是常見之事。

如果大家以為監獄的刑罰會隨時間變得更人性化，那麼就有點理想化了。1852 年，中央監獄就曾經設立腳踏轉輪的刑具懲罰犯人，每日要轉輪 14,000 次，次數不足者就會被限制飲食。除此之外，體罰也是獄中的等閒事，打藤以及「水飯」亦是由此而生。

B 倉內部

D 倉內部

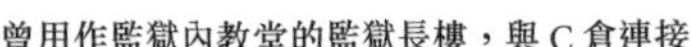

曾用作監獄內教堂的監獄長樓，與 C 倉連接

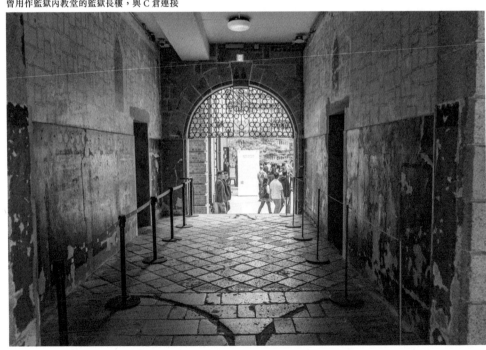

## 10 警察總部大樓

愛德華時期建築樣式

*Police Headquarters Block*

| 古蹟資訊 | |
|---|---|
| 名稱 | 警察總部大樓 |
| 級別 | 屬前中區警署一部分，無個別評級。 |
| 區域 | 中環 |
| 地址 | 香港中環荷李活道 10 號 |
| 前往方法 | 港鐵中環站 D1 出口，於畢打街出口右轉，沿皇后大道中直行至閣麟街，步上中環半山自動扶手電梯至大館。 |
| 開放時間 | 每天上午 10 時至下午 11 時 |

**位處荷李活道 10 號，建於 1919 年，曾用作港島總區警察總部**

### 古蹟背景

前中區警署是在上世紀就被公眾及傳媒稱為「大館」，而這個稱號亦流傳下來，成為今日三座法定古蹟建築群的統稱。前中區警署曾是港島區的警察總部，由八座建築組成。從荷李活道走，就能看到總部大樓以及旁邊一連四幢的警察宿舍。沿閘門往上走，就可以看到總部大樓對面的營房大樓和緊貼着的衛生樓、軍械庫和儲物室。

香港首座警察總部大樓，為中區警署的擴建部分，同一座建築結合兩種不同的建築風格，大概是大館之內最為觸目的建築物。這座殖民地時期中期興建的司法機關，原址本為營房大樓北面的一塊空地，只設有助理警司、總督察的辦公室及一個供華人警察使用的草棚。以上提到的臨時建築，都在 1919 年前拆卸以騰出空地建構總部大樓。總部大樓由駐港英國皇家工兵部隊軍官操刀設計，據説當年設計總部大樓時是參考一本收集各類建築設計樣式的《模式手冊》。

「HONG KONG POLICE」和「1919」的落成年份，兩旁有「G」和「R」字樣

多立克列柱和遊廊

與現今的制度有所不同，1920 年的警察訓練學校設於總部大樓，後來 1923 年成立的刑事偵緝處（CID）亦在該大樓工作，此外大樓亦設有多間警務人員辦公室及房間。大樓曾闢作不同用途，包括宿舍、辦公室及健身室，而健身室內的閣樓，曾被改為無線電控制室。

## 建築特色

警察總部大樓於 1919 年落成，一度是全港最大的警署。從結構和材質上而言，警察總部大樓由鋼筋混凝土及花崗岩建造橫樑和地板，而主幹則由紅磚結構牆和圓柱支撐，二樓的遊廊採用鐵鑄欄杆，仍然流露着愛德華時期流行的式樣。

要欣賞大樓的建築，就要先分開兩種不同的建築風格，建議大家未進入大館前先在荷李活道遠觀大樓的北面外牆。

大樓外觀設計結合不同風格，向北外牆是採用新古典復古設計，從對面的馬路由上而下正面觀看，大樓樓高四層，外牆以兩段式的立面分隔。正中的門樓中央刻上「HONG KONG POLICE」（香港警隊）和「1919」的落成年份。至於兩旁有「G」和「R」字樣，是當時在位的英國國王喬治五世 George Rex 的簡稱。面向荷李活道的正門上段立面就以兩層樓高的多立克列柱（即古典建築中最早出現的一種柱式，著名的實例為雅典衛城的帕提農神廟），支撐中間的遊廊，細心觀察仍可發現柱底的紋飾，充滿古典風格；下段立面設有特大圓柱及拱形大窗，令建築物顯得宏偉堂皇，表現出權威和莊嚴的形象。

兩面正門選取了風格截然不同的設計，走進大館經過露天廣場後，紅磚建築自然映入眼簾。南面外牆主要供警員出入，以簡

警察總部大樓的南面入口

樸為主。屋頂以瓦片鋪成，仍保留着昔日的煙囱。從荷李活道看到的四層高建築，在露天廣場就只能看到兩層。上層仍然是以多立克列柱支撐的遊廊，而下層就是紅磚砌成的磚柱。

## 古蹟趣事

早年的香港警隊，是分為三個大隊：英印籍、華籍與葡籍，1920 年就有以英文字母作為識別，當中的排序亦代表了他們的地位和職權。當年流傳的「ABCD，大頭綠衣」歌謠就是很好的說明，當中：A 組自然是地位薪金較高的歐籍警員；B 組是印度籍的警員，能使用槍枝；C 組則是地位最低的華籍警員，一般就只能用木棍應對衝突。至於 D 組，就是 1922 年時英國從其租借地山東招募的山東警員，以應對香港海員大罷工事件。不說不知，原來在 1930 年代，港英政府就曾招募 E 組的白俄羅斯人，負責打擊海盜。

# 11 營房大樓

## 維多利亞時期風格

Barrack Block

| 古蹟資訊 | |
|---|---|
| 名稱 | 營房大樓 |
| 級別 | 屬前中區警署一部分，無個別評級 |
| 區域 | 中環 |
| 地址 | 香港中環荷李活道 10 號 |
| 前往方法 | 港鐵中環站 D1 出口，於畢打街出口右轉，沿皇后大道中直行至閣麟街，步上中環半山自動扶手電梯至大館。 |
| 開放時間 | 每天上午 11 時至下午 8 時 |

在整個大館的建築群之中，營房大樓是繼域多利監獄之後最古老的建築物，建成年份是 1864 年，因應其英語的發音 Barrack Block，亦被稱為「巴叻樓」。

### 建築特色

營房大樓是大館內較早期的建築，屬維多利亞時期的建築，與後來興建的警察總部有着截然不同的風格。

營房大樓鄰近檢閱廣場，原來樓高三層，頂部有三角楣飾（即山花，是希臘羅馬時代和文藝復興時期常用、建築橫樑上一種三角形的裝飾形式，由柱子或壁柱支撐），為一座供給警員的宿舍，相傳早期的消防隊亦曾駐守於此。假如大家今時今日參觀大館，會發現原來的三角楣飾已不復在，原來在 1905 年，由於警隊規模擴大而地方不敷應用，只好把三角楣飾移除並加建一層，但屋頂仍然是以木為結構的三角形頂部。

營房大樓的設計講究對稱，除東、西兩端外，其他各層均有寬闊遊廊，此舉是因應香港的亞熱帶氣候而採用的建築設計，在地下和一樓的遊廊，最能明顯發現早期殖民地建築的特色，喜用羅馬拱及多立克柱，又以花崗石和磚石作主要建築物結構，是為新古典主義建築風格。

到了 1920 年代，大樓的建築用途亦開始轉變，先後被用作刑事偵緝處的辦公室、報案室、羈留室和槍房等，而現時則被用作歷史故事空間，設有訪客中心、商店及餐廳。

前中區警署的其餘建築可細閱下表：

| 建築物 | 描述 |
|---|---|
| 沐浴樓 / 衛生樓 | 建成的年份已無從考究，只知 1920 年代就已存在，顧名思義沐浴樓是早期供警察沐浴、休息之用，與營房大樓連接。 |
| 槍房 | 建於 1925 年的獨立建築，以紅磚堆砌，正門並非正對檢閱廣場，在日佔時期被日軍用作馬房之用，故後來就有「馬廐」的俗稱。 |
| 已婚督察宿舍 | 為大館內早期的建築，建於 1862 至 1864 年間。 |
| 已婚警長宿舍 | 建於 1896 年，與已婚督察宿舍有懸橋連接，供已婚警長居住。 |
| 未婚督察宿舍 | 建於 1896 年，以花崗石牆為基座，保留中式瓦片和陽台，供未婚督察居住。 |

## 古蹟趣事

### 消防隊

香港消防隊是在 1868 年成立，早年隸屬於警隊，設於中區警察總部內，大樓內亦曾經放置兩輛手推滅火車。後來消防隊脫離警隊獨自成局，兩輛的百年手推滅火車也被移離。

### 芒果樹

在營房大樓和總部大樓之間，有一棵樹齡超過六十年的芒果樹，在龐大規劃的保育方案之中，被列為不能遷亦不能拆的樹，原來這棵樹盛載歷代警察的集體回憶。相傳芒果樹於戰後時期種植，每隔 2 至 3 年就會結果一次，而每次結果之時都會發生重大事件，或人事升遷如每年公布升級名單的日子，意義重大。而每次結出來的果實非一般人可以享用，只有高級警務人員才可以享用。

### 考古文物

在保育和復修過程中，工程團隊在 2011 年 4 月曾進行一次前中區警署的考古勘察，當中發現一批晚清至二十世紀初的古物，如鴉片容器、陶製菸斗、銅幣、瓷碗碎片，更甚者有疑似隧道建築以及地基遺骸。該批資料和報告送交古物古蹟辦事處後，至今仍沒有消息。

營房大樓。建於 1864 年，維多利亞時期建築，是舊中區警署的一部分

芒果樹 60 歲，龐大保育規劃中列為不能遷拆的樹

## 12 前中央裁判司署

### 最古老的法院建築

Central Magistracy

| 古蹟資訊 | |
| --- | --- |
| 名稱 | 前中央裁判司署 |
| 級別 | 法定古蹟 |
| 區域 | 中環 |
| 地址 | 香港中環亞畢諾道 1 號 |
| 前往方法 | 港鐵中環站 D1 出口，於畢打街出口右轉，沿皇后大道中直行至閣麟街，步上中環半山自動扶手電梯至大館。 |
| 開放時間 | 每天上午 11 時至下午 6 時 |

**香港現存最古老的法庭建築，於 1914 年建成，現為法定古蹟**

### 古蹟背景

香港第一所中央裁判司署，本來只是位處前中央監獄旁的一座簡陋細小的建築物，建於 1847 年。隨着法制的逐步發展和確立，法庭事務變得更有系統，這座前中央裁判司署的第一代建築就在 1913 年原址拆卸重建，成為大家今日所見的前中央裁判司署。

前中央裁判司署建於已婚督察宿舍及監獄長樓之間，要看到整座建築物，就須繞到亞畢諾道。前中央裁判司署重建後最初主要負責審理港島區的案件，於日佔期間被改為民事法庭。香港重光後，英國在此審判不少日本軍官罪犯。 自 1964 年起，該署只審理警隊刑事偵緝處（俗稱 CID）所負責的案件，例如兇殺案、毒品和三合會等，後來 1974 年成立的廉政公署所調查的案件，亦於該署審理。

隨着 1912 年全新的最高法院大樓（即現立法會大樓）於中環落成後，前中央裁判司署的作用亦慢慢減少。該署最後於 1979 年關閉並進行改建，增至三個法庭，作為最高等法院的附屬法庭。後來前中央裁判司署於 1984 年被改成入境事務處和警務人員組織的辦事處，亦曾為多個警察附屬之組織所使用，包括香港國際仲裁中心、國際警察會香港分會、警務處文職人員會等，直至整個大館建築群於 2004 年關閉為止。

前中央裁判司署現用作歷史故事空間、綜合式消閒及生活文化設施，入內參觀之前，首先讓大家了解一下其過往歷史背景、建築特色，做好參觀的準備吧！

## 建築特色

前中央裁判司署的正門面向中區警署的營房大樓，中間搭有一條有蓋懸橋連接至營房大樓二樓，過去用作押送疑犯前往法庭受審，大多時候都是重門深鎖。

除了保安嚴密的懸橋，當初設計中央裁判司署時地下通道也是其中一個考慮。該署重建時，就特別設計四通八達的地下隧道，以方便職員押解囚犯進出裁判司署、域多利監獄及中區警署，而毋須走出建築物外面，確保獄警及犯人出入時的安全。

要了解這座香港現存最古老的法院建築，就要先為大家介紹其建築風格。前中央裁判司署是以希臘復興式的建築風格設計，亦即是新古典主義建築的最後一個階段，以多立克柱式作為建造的基準，融合本地的元素，在這座建築物中，正正能體現到這點。

前中央裁判司署從正立面看來，是由南至北的傾斜，面積上為四方形，四角皆有方形大石柱承托。與前中區警署有一個共通點，就是屋頂皆砌有兩層中式瓦片，屋脊仍保留多座煙囪。牆身以花崗岩、磚塊及混凝土建成，雖然是西式的建築，卻用上不少中式的建材，如外牆用廣州紅磚加上灰泥砌成，正立面則用廈門磚築成。

建築物的正立面是正對營房大樓，而非亞畢諾道的立面。正立面除設有正門外，側面還有一個獨立的門口供職員上落，門楣有一個英國皇室石雕標誌。步上一樓，是昔日總文書的辦公室和印籍警員的宿舍，二樓是已婚歐籍督察及其他職員的宿舍。

建築物東面的立面屬於希臘古典風格，牆身飾有希臘風格的帶狀迴紋，紅磚牆下築有花崗岩護土牆，中央設有一個入口，門框頂端刻有落成年份「1914」，兩旁共有六個圓窗。正立面中央位置建有六條飾以凹槽的古希臘多利克式大石圓柱，用作支撐上面的檐壁，檐楣上亦刻有落成年份。圓柱後採用遊廊式設計，連接兩個法庭，遊廊旁邊有多個房間供法官和職員使用。西面則設有三個門口，門上的檐頂由四條鐵架支撐。右面白色方形角柱飾似是獅子的動物頭。

前中央裁判司署的正門面向中區警署的營房大樓，中間搭有一條有蓋懸橋連接至營

希臘復興式的建築風格

房大樓二樓，過去用作押送疑犯前往法庭受審，大多時候都是重門深鎖。

除了保安嚴密的懸橋，當初設計中央裁判司署時地下通道也是其中一個考慮。該署重建時，就特別設計四通八達的地下隧道，以方便職員押解囚犯進出裁判司署、域多利監獄及中區警署，而毋須走出建築物外面，確保獄警及犯人出入時的安全。

中央裁判司署的基座為高聳堅固的護土牆，牆身之中除了有裁判司使用的入口，原來更是地下囚室，用以羈留等待受審的疑犯。於建築物東立面可看到基座的外牆，開了六個小圓窗，中央設有獨立小門，以花崗石為門框，門框頂端刻有落成年份「1914」。此門原供法官和職員出入，後來因對出的亞畢諾道交通繁忙，因此棄用並封閉。不知以後中央裁判司署開放後，公眾能否內進參觀這些神秘地道及囚室呢？

## 古蹟趣事

### 葛柏案與廉政公署

前中央裁判司署重建後最初只設有兩個法庭，兩個法庭分別由首席裁判司胡特及裁判司連賽爾聆訊，當時全港只有兩位法官。該署首宗案件於 1915 年 4 月 26 日開庭審訊。後來有很多大型事件的案件都在此審理，包括有關六七暴動的案件，而當中最引起輿論譁然的案件，必定是 1973 年葛柏貪污案。

當年時任總警司葛柏在警隊表現突出，屢獲許嘉獎，後來卻被揭涉嫌濫用職權，大肆斂財 430 萬港元。他於東窗事發後潛逃至英國，由於當時未有充分證據，英國亦沒有相關法例將其引渡及入罪，令市民極度不滿，再加上香港的貪污風氣奇差，不少公務人員肆無忌憚地貪污斂財，葛柏一案只是冰山一角。不少市民舉行集會及示威，要求盡快緝拿葛柏歸案，打擊貪污。

當時的香港總督麥理浩為了平息民怨，便於 1973 年 10 月的《施政報告》提出成立一個獨立的反貪機構，直接向港督負責，以替代香港警務處之反貪污部，廉政公署終在翌年 2 月成立。經過多番調查後，直至 1975 年 1 月葛柏終被引渡返港受審，並被判以貪污罪。而在葛柏的案件進行聆訊當日，現場保安十分嚴密，審訊前警方亦收到炸彈威脅，後證實為虛報。

## 香港有死刑？

香港開埠的初期，法制尚未完善，執法、審案和懲教三權盡在一人手中，而此人就是威廉堅恩（William Caine）。如非涉及外交層面的案件，大部分的案件都可由威廉堅恩決定如何處罰犯人，例如早期他對華人就沿用大清律例，對外籍犯人則按英國法律處理。一般的監禁罰款、笞刑、剪辮、烙印都是等閒之事，治亂世用重典，早期的香港是存在死刑的。

當年的死刑是以環首的方式進行，有文字紀錄的首宗案件是在 1844 年 11 月 4 日，一宗華人謀殺歐籍警官的案件，以公開處決的形式進行，後來行刑地點就轉移到中央監獄內。死刑為刑罰的方式持續百年，最終在 1966 年 11 月 16 日執行最後一宗環首死刑後，暫時停止執行，於 1993 年 4 月 23 日以終身監禁取代死刑。

中央入口，門框頂端刻有落成年份「1914」，兩旁設有共六個的圓窗

前中央裁判司署與營房大樓之間的有蓋懸橋

### 第三章參考資料及延伸閱讀

陳天權：〈中區警署〉，香港記憶網頁，2014 年

CITY
BOUNDARY
1903

第四章

# 香港昔日有座城——維多利亞城界碑

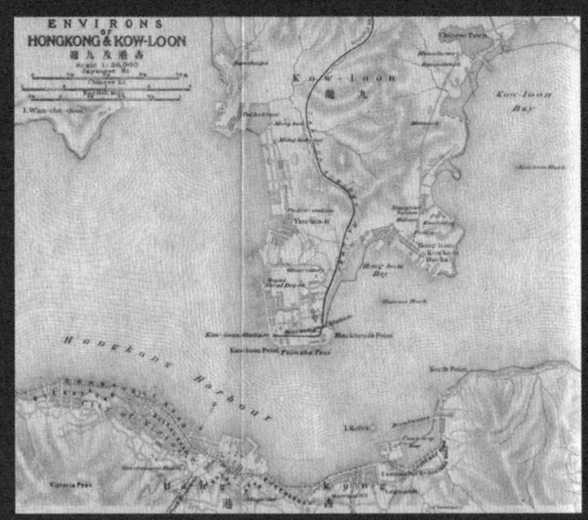


1919 年版的維多利亞城與九龍地圖
（圖片來源：Simon Wong 提供）

維多利亞城界碑是一組沒有被評級的歷史建築，儘管如此，界碑背後的歷史意義仍是深遠。假如今日向大家提起維多利亞四字，大家自然就會聯想到維多利亞港或維多利亞公園等以維多利亞女皇命名之地，但大家知否原來舊日的香港就曾經有一個由七塊界碑標示的城，名為維多利亞城？

事隔百年，維多利亞城這個名稱或許已經不再流行，而當年七塊界碑的位置部分都經過變動或者移除，間接令維多利亞城的面積有所改變。這章就會帶大家走一走，找回現存六塊界石。或許界石不會令你眼前一亮，但絕對值得大家重新審視和認識昔日的香港。

據香港第一份憲報《香港轅門報》在 1841 年 5 月 15 日公布的人口統計，英軍登陸香港前，港島區共 16 條村的總人口不過 7,450 人，與今日的香港人口分佈大為不同，當時人口最多的地區為赤柱，共 2,000 人，其次就是筲箕灣 1,200 名、黃泥涌 300 名等。換言之，在港島西北岸的紅香爐、群帶路、西灣、石塘咀、亞公岩、掃捍埔等的村落人口不足四千人。

**維多利亞城界石**

維多利亞城界碑，又有四環九約界碑之稱，是一組立於昔日維多利亞城邊界上的石碑，豎立於 1903 年。

## 古蹟背景

維多利亞城有過不同的稱呼，如域多利城、女皇城等，自英國人 1841 年從上水坑口登陸香港，經過考察和研究，就打算以首都的概念把香港島的西北部發展成中心區域。1843 年，殖民地政府正式把堅尼地城到跑馬地一帶稱作維多利亞城。雖然到 1903 年才以界碑的形式確立邊界，但相關的邊界法例在此之前已經確立。正因為這個計劃，無形的界線早已訂立，所謂的「四環九約」亦由之而生。「四環九約」的概念和稱呼早在界碑豎立前已在華人坊眾中流傳，只是當年的港英政府為了令華人更了解維城的範圍和方便行政上的工作，決定在 1903 年刊憲並以界碑的形式劃界。

上述的「四環九約」是港英政府用來劃分港島區的地域概念，「四環」中的「環」在粵語中有「環頭」的意思，指的是現今灣仔和跑馬地一帶，以西環、上環、中環和灣仔（下環）合稱四環。至於「九約」，「約」有區域之意，四環沒有太大的變化，但以「約」為稱的區域則由早期的七約演變成後來的十一約，所以「四環九約」亦只是一個統稱。

**九約是九個失約的地方？**

關於「九約」，就流傳着一個有趣的掌故，以往的華人通稱「九約」為九個失約的地方。相傳有一個少女，每天都要穿梭城東的下環和城西的堅尼地城，為在屠房工作的父親送飯。上環有一名侍應喜歡了少女，並在維城九個不同的地方約見少女，侍應卻因不同的原因失約，所以這九個地方就被稱為失約之地。

「九約」隨年月不斷變化，但總體亦達成了一些共識，如堅尼地城至石塘咀為第一約，石塘咀至西營盤為第二約，如是者西營盤為第三約，干諾道西至東半段，上環街市至中環街市，中環街市至軍器廠街，軍器廠街至灣仔道，灣仔道至鵝頸橋，以及鵝頸橋至銅鑼灣就是餘下的四到九約，井然有序。

由界碑現在所在之處考究，「四環九約」的「四環」仍在維多利亞城的範圍之內，至於「九約」中的第八約和第九約（即灣仔道至銅鑼灣）就已經超出原來維多利亞城的範圍。

## 建築特色

現存的維多利亞城界碑是由花崗石所造，為四方尖頂柱體，高 98 厘米。柱體的中央刻有「CITY BOUNDARY 1903」的文字，除此以外就沒有其他雕刻。

接下來，阿蹟帶大家腳踏寶地尋找六塊界石，由於馬己仙峽道的界石已經不存在，所以第一塊要找的界石就是位於黃泥涌道。各位可選擇乘搭港鐵至銅鑼灣站，或者直接乘搭巴士到黃泥涌道近樂活道的巴士站，往跑馬地電車總站方向直行，就可以看到聖保祿天主教小學對面的第一塊界石。

# 維多利亞城界石位置圖

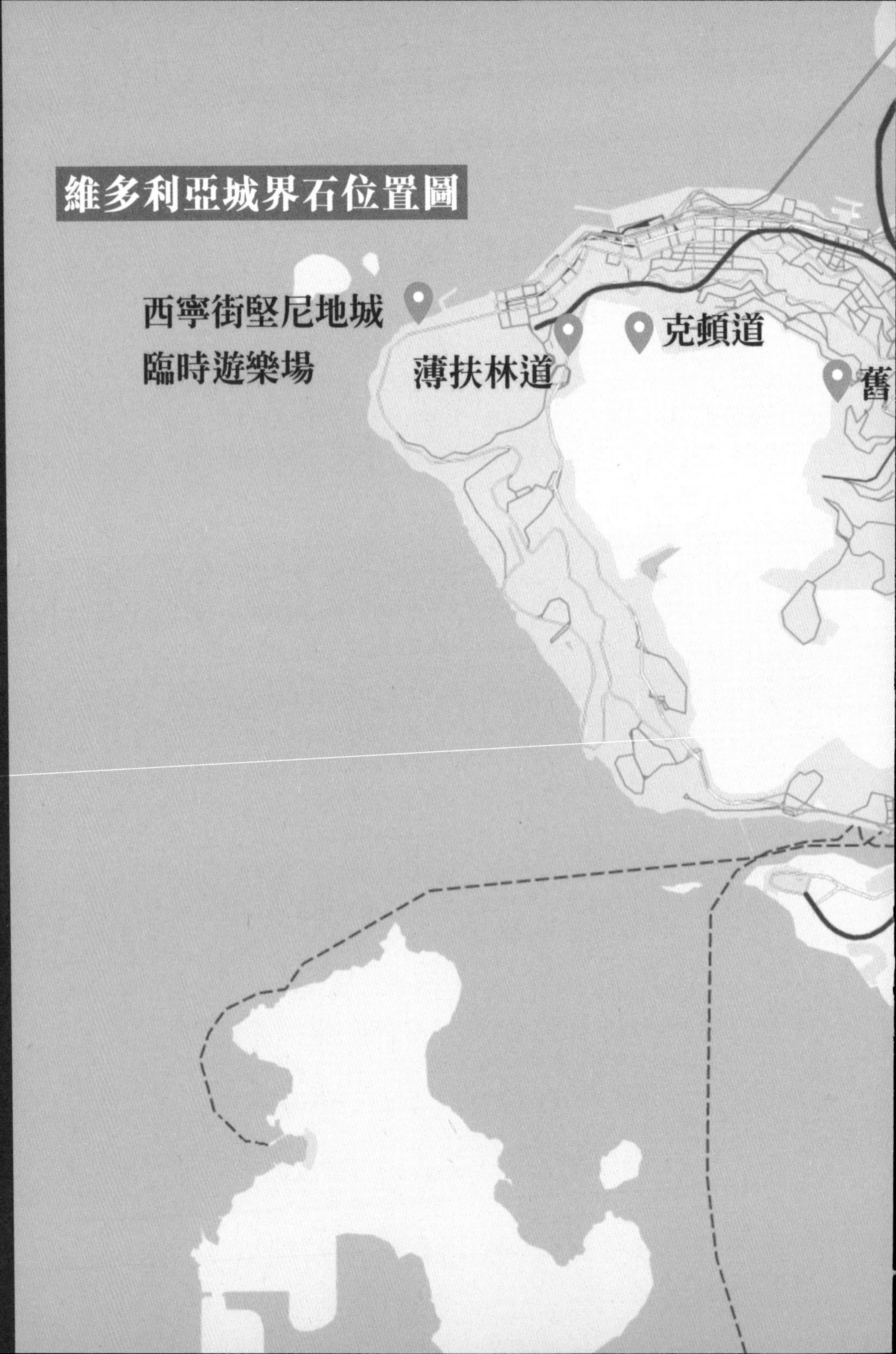

道
馬己仙峽道
黃泥涌道
寶雲道
香港島

寶雲道維多利亞城界石

## ⑬ 黃泥涌道界碑

*Wong Nai Chung Road City Boundary Stone*

當年的維多利亞城東界，現於黃泥涌道聖保祿天主教小學對面，其位置突出景觀宜人，可算是保存得最好的一塊界石。

參觀第一塊界石後，沿藍塘道走上寶雲道，便可到達第二塊界石所在之處，沿途既有姻緣石，亦可飽覽維城的景色。

黃泥涌道維多利亞城界石

## ⑭ 寶雲道界碑

*Bowen Road City Boundary Stone*

寶雲道位於維城南邊，寶雲亦是香港第九任港督，他最著名的事跡是任內將大潭水塘的水引至維城，解決了城內用水不足的問題。寶雲道不少部分以棧道形式興建，底下鋪設了水管，以英式橋墩支撐，當中有長達 21 孔拱券段橋，以及另外 21 項的水塘建築，都被歸納為大潭水塘的歷史構築物，現為法定古蹟。

穿過寶雲道後，經過馬己仙峽道上舊山頂道，需時一小時。

## 15 舊山頂道界碑

Old Peak Road City Boundary Stone

舊山頂道與地利根德里的交界，亦是半山上的界石。

欣賞過舊山頂道的界石，原路下去沿着旭龢道往克頓道向上走，就能發現龍虎山的界石。

舊山頂道維多利亞城界石

克頓道維多利亞城界石

## 16 克頓道界碑

Hatton Road City Boundary Stone

位於龍虎山上的克頓道界石，沿克頓道走，穿過龍虎山，就能到達薄扶林道，大約需時 30 分鐘。

# 17 薄扶林道界碑

*Pok Fu Lam Road City Boundary Stone*

因山坡維修工程而被移離原來的位置 500 米，現位處薄扶林道。

由薄扶林道轉入山市街和卑路乍街，走到西寧街盡頭就能發現球場內的界石。

薄扶林道維多利亞城界石

## 18 堅尼地城界碑 西寧街

Sai Ning Street City Boundary Stone

西寧街堅尼地城臨時遊樂場界石

西寧街界石，本來位於堅尼地城巴士總站的域多利道旁，但後來因填海工程而新增了遊樂場一帶的填海地，界碑就被搬遷到現時西寧街的位置，令到原在標示維城邊界的意義有所改變。

## 19 15號界碑 已消失的馬己仙峽道

Magazine Gap Road Boundary Stone

於 2007 年 6 月被移除，至今仍然下明不落。

港英政府設立界碑，除了希望大眾了解殖民地政府的中心地帶（中環是政治經濟中心，兩邊設有軍營；而堅尼地城到銅鑼灣一帶，則是工業區），以城的概念進行規劃，比較易於管理。邊界其中一個作用亦是為了劃分居住範圍，當中一些區域列明不准華人居住。

界碑的歷史有百餘年，由於年代久遠以及相關文獻不足，令界碑的具體位置和數目變得無從考究，不過就已發現的界碑位置，還可推測出當年維多利亞城的範圍。

## 古蹟的故事：從界石位置重新認識昔日維多利亞城的四環

據目前的文獻和實地考察，我們實際只能明確知道曾經有七塊界碑存在，而其中一塊位於馬己仙峽道的界碑就因人為的原因而不知所蹤。按照現存的界石位置，仍可推斷當時維城的邊界多為山邊，而界碑圍繞的維多利亞城，就分別被港英政府發展成不同功能的中心。

1843 年在位的女皇是維多利亞，為紀念其功積，太平山就被改名為維多利亞峰，香港與九龍之間的海港就成為維多利亞港，至於這片港島北部的新城區就以維多利亞城命名。城內的半山區為當時英人的高級住宅區，山頂區更是華人建屋的禁地，至於海岸一帶，則有嚴格的規劃。

## 中環：威靈頓街與皇后大道中交匯處至美利操場

若以四環劃分，中環是當時維城的政治、軍事和經濟的中心，十九世紀的 40-60 年代間，就先後有不少的歐式建築沿山興建，如輔政司署（1848 年）、政府宿舍及英國國教聖公會所建的聖約翰座（1849 年）在中環「政府山」落成，從政府山以東到灣仔一帶，就先後有「威靈頓兵房」、「美利兵房」及「域多利兵房」出現，如此的佈局令其他商業設施和住宅在往後百年都難以在中環一帶發展，只有海旁地段能供海軍和洋行作碼頭貨倉之用，1856 年的「寶靈填海計劃」告吹，中環高廈林立的景象要到 1904 年的中區填海計劃後才出現。

## 上環：西營盤國家醫院至威靈頓街與皇后大道中交匯處

至於上環一帶為港英政府早期拍賣的用地，有醫院等設施，亦是早期華人主要的聚居地，以林立的唐樓、倉庫和惡劣的衛生環境而聞名。

## 下環（灣仔）：美利操場（今中銀大廈）至銅鑼灣

後來灣仔（下環）一帶，傾向以商業和住宅用途發展，鄰近海濱的高尚住宅區正在此處，維城的主要發展和擴展都在此區開展。自從 1880 年代進行二次填海後，灣仔就主要為商住區，而銅鑼灣就成為工業區。

## 西環：至威靈頓街與皇后大道中交匯處

四環最後的一環——西環，就是早期焚化爐及隔離病房、東華痘局的所在處，是厭惡設施的集中地。單是由四環設施的分佈，其實也能窺探早期維多利亞城內的設計分佈，亦能知曉先輩所面對的華洋不平等。

光從外表觀察，界石可能只是數塊簡約、沒有裝飾的石塊，但只要知道背後隱藏着一段幾代人辛酸的奮鬥，怎能令人不動容呢？

### 第四章參考資料及延伸閱讀

丁新豹：《非我族裔：戰前香港的外籍族群》（香港：三聯書店，2014 年）

丁新豹、黃迺錕：《四環九約（書）》（香港：香港歷史博物館，1999 年）

第五章

# 國際大都會城——外來的宗教建築

1875 年的聖約翰座堂
(圖片由聖公會聖約翰座堂提供)

前幾章阿蹟為大家介紹了本地居民原始的信仰，以及經移民或文化傳播而落地生根的傳統神祇。配合獨特的歷史和背景，香港成為了英國的殖民地，不同種族和國家的外籍人士因為各種原因來到香港，落地生根。除了日常生活和工作，他們亦有宗教上的需要，外來的宗教建築就能反映這段時期的香港歷史。

# 20 聖公會聖約翰座堂

英國國教

St John's Cathedral

1849 年建成，為英國人最早期在香港建設的西式基督教教會建築，現為法定古蹟

**古蹟資訊**

| | |
|---|---|
| 名稱 | 聖約翰座堂 |
| 級別 | 法定古蹟 |
| 區域 | 中環 |
| 地址 | 中區花園道 4-8 號 |
| 前往方法 | 港鐵中環站 K 出口通往香港上海匯豐銀行總行，經香港上海匯豐銀行大廈樓下的通道前往皇后大道中；再由皇后大道中的交通燈柱橫過馬路至長江中心，上扶手電梯便到達座堂的梯級。 |
| 開放時間 | 主日及星期六：上午 7 時至下午 7 時半<br>星期一、二及五：上午 7 時至下午 6 時<br>星期三：上午 7 時至下午 6 時半<br>星期四：上午 7 時至下午 5 時<br>公眾假期：上午 9 時至下午 4 時 |

在寸金尺土、車水馬龍的中環鬧市，有一座佔地面積奇大、內裏古色古香的教會建築，這座建築物除了是香港現存最古老的教會建築物外，更以一種特別土地持有方式存在。在詳細討論之前，先為大家介紹聖公會聖約翰座堂的歷史。

## 古蹟背景

如果各位有留意，應該會發覺聖公會聖約翰座堂的名字在上一章講述維多利亞城界碑時已經出現過，這座建築物位處中環政府山之上的中區花園道 4-8 號，是「四環九約」中的心臟地帶，屬於英國國教的建築。

聖公會聖約翰座堂在 1847 年始建，由第二任港督戴維斯（Sir John Davis）舉行奠基儀式，並在 1849 年建成和祝聖。座堂由三個不同時期的建築物組成，包括主樓、副堂及新座。聖約翰座堂中的「座堂」（Cathedral）是指有主教駐足的教堂，而當時的主教是坎特伯雷大主教。

在香港現行的法律中，所有土地均屬香港政府，大家買地買樓所獲得的是土地使用權，一般分為 75 年、99 年及 999 年三種。聖公會聖約翰座堂的業權就比較特別，其在 1847 年所獲批的業權是永久業權（Freehold），亦是全港唯一一塊土地永久業權持有。當然，這塊用地亦只能作教堂之用。

假如這個情況發生在今日的香港，自然會被認為是利益輸送，而在當年的角度看來，就聖公會和港英政府之間的關係，雖然是不合理，但為了照顧這批歐洲社群就變得順理成章。

要知道聖公會在香港開埠初時是英國國教，離鄉別井來到香港發展的英人多為聖公會教徒，任職政府官員、軍人、商人。早期的崇拜活動只是在美利操場的木屋中進行，然而，作為英國國教的基督教在香港又怎能沒有教堂呢？最初教堂建設的原因只是為滿足該區居民的信仰需要，與政府無關，但由於當時的基督教信徒多為達官貴人，教堂的建築費用高達 8,700 英磅，故由英國政府和當時的香港教友分攤，英國政府負責當中的 2/3。

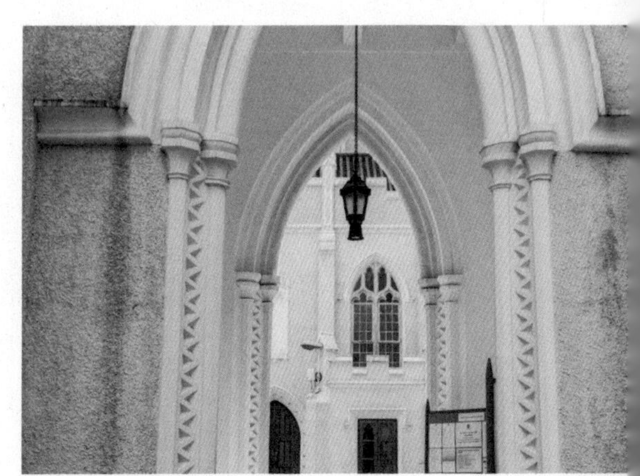

尖頂拱、肋形線條的構件

建成後的聖約翰座堂鄰近總督府、美利兵房及洋行，不少軍政商界的信徒都前來崇拜。在教堂內的木椅甚至刻有英國皇室徽號，留給當時港督或英國皇室成員途經香港來崇拜時坐的，可見當時皇室與聖公會之間密切的關係。從祭台前方觀察，更能發現海陸軍官的徽號。

聖約翰座堂鄰近有不少政府建築，甚至昔日的美利兵房、炮塔亦貼近座堂。也許是地理位置的原因，在日佔時期前就曾經受過轟炸並有 15 枚炮彈擊中座堂，幸好並沒有對建築物的結構造成大規模的破壞。而且，當時的日本人對英式的建築有特殊的情感，不單沒有大肆破壞，甚至把此處劃為日本人的會所。香港重光後，座堂的財政狀況及運作陷入困難，最後以賣物會的方式渡過時艱。

## 建築特色

相信大家可能都會有一個疑惑，就是西式的教堂應該從何處看起？推薦大家先參觀聖米迦勒小聖堂，沿木門前行，留意兩側外牆有第二任港督戴維斯的徽章，進入內

**聖約翰座堂的彩色玻璃窗（圖片由聖公會聖約翰座堂提供）**

堂後先把眼光放在腳下極具特色的花磚，觀看兩旁座椅的紋章徽號，在祭台前停留，靜心欣賞兩旁融合了香港特色的玻璃。

聖約翰座堂足有 170 年歷史，於 1847 年建成，樓高約 20 米，屬哥德式建築風格。主殿於 1865-1869 年間曾進行擴建，加建了 60 個座位，其後再於 1924 年及 1956 年分別擴建副堂及辦公樓。直到 1996 年，這座香港最古老的教會建築才正式被確立為法定古蹟。這座建築物最早期的設計圖是由第二任測量總署署長卡拉弗利（Charles St George Cleverly）負責，後來的禮賓府也是由他設計。

融合香港特色的玻璃

印有英國皇室、海陸軍官徽號的木椅。

座堂整體的格局以中殿為主，配合兩旁的偏殿，形成了十字架形的佈局，是維多利亞時期哥德式和羅曼式建築。關於這組名詞，實際上並不難理解，「維多利亞時期」指教堂建於維多利亞女皇管治時期，西面大門的縮寫「 VR 1841」則是指 Victoria Regina 和極具意義的年份。座堂本來是以哥德式建築風格為主，卻因技術和建材的問題，結合了簡約的羅曼式設計，具體的體現就有座堂的尖頂拱、肋形線條的構件及幾何圖形的裝飾如窗花格。

座堂內的裝飾並不是單純的西式，而是中西合壁的風格。有進入過教堂的朋友應該能輕易留意到，木門的地上存有十字架的砌畫，然而這個十字架並非西方宗教的象徽，而是中國景教的標誌。

從正門進入，映入眼簾的是彩色玻璃拼湊的耶穌被釘十字架的故事，而更有親切感的，莫過於左右兩側玻璃上的香港漁村和舢舨，再細心留意，應該能發現部分主教的座位扶手更有龍頭出現。除了龍頭，神職人員專用的座椅不少還留有英國皇室徽號，特別是座堂右邊的第一排座椅。當中接近 1/3 的座椅有海陸空軍官的徽章，這亦反映了座堂最早期的服務人群。

## 古蹟的故事

### 聖約翰座堂與添馬艦

聖約翰座堂為陸上的教會建築，而添馬艦是海上的英軍軍艦，為何兩者會扯上關係呢？聖約翰座堂的木門為一塊完整的巨型木材，相傳這塊木材是由添馬艦的艦身木材製成。添馬艦除了是今時今日的政府總部名稱，更早的時候是香港保護戰時英軍所用的戰艦添馬艦（HMS Tamar），只是當年在香港保衛戰中，為免落入日軍手上而自行炸毀，而這個只是多年來的傳言。

## 古蹟小知識

### 沒有冷氣的座堂？

若然大家曾在夏天參觀過聖約翰座堂，應該會熱得汗流浹背，抬頭一望便會發現座堂僅有數把銅風扇，是因為座堂經費不足所以沒有增設冷氣嗎？原來座堂有不少木製設施和裝飾，冷氣的水氣會造成潮濕，令白蟻侵蝕。儘管座堂是位處亞熱帶地區，但仍不安裝冷氣以保護古蹟。

港督戴維斯徽章

港督般咸徽章

1847 年徽章

從正門進入，地上可發現中國景教的十字

# 21 道風山基督教叢林

非佛非道

Tao fong Shan Christian Centre

位處沙田區道風山路 33 號，建於 1930 年，現為二級歷史建築
（圖片由道風山基督教叢林提供）

**古蹟資訊**

| | |
|---|---|
| 名稱 | 道風山基督教叢林 |
| 級別 | 二級歷史建築 |
| 區域 | 沙田 |
| 地址 | 大圍道風山路 33 號 |
| 前往方法 | 從港鐵沙田站出發，經沙田鄉事委員會後方樓梯上山，沿道風山路直上約 20 分鐘便可抵達正門。 |
| 開放時間 | 星期一至六：上午 9 時至下午 12 時半、下午 1 時半至 5 時<br>星期日及公眾假期：休息 |

## 古蹟背景

道風山基督教叢林，雖然以道風為名，卻是一座位處山林上的基督教建築群，於 1930 年建成，現為香港二級歷史建築。甫入道風山，眼前的建築的確會讓你錯愕不已。明明是富有中國佛教道教建築的精髓，又怎會是基督教的建築呢？的確，整個建築群都富有傳統中國建築的風格，石圓拱門、黑瓦屋頂、紅柱白牆，霎眼看都只覺置身於中國古典園林。

那到底為什麼會有這種奇怪的配搭？原來道風山基督教叢林的創辦人——挪威籍宣教士艾香德牧師（Dr. Karl Ludvig Reichelt 1877-1952）為了吸引佛道兩教教徒前往交流，傳播福音，拉近教會與民眾的距離，建築物拋棄西方風格，並採用中國古典元素，以減少當地人對新建築、基督教的排斥心理。

他於 1903 年到中國湖南宣教傳道，1922 年在南京建立景風山與佛教、道教教徒交流，但七年後因戰亂而撤往香港。後來於沙田購地，並邀請建築師艾術華設計道風山的建築物。艾術華曾在中國工作，到訪不少中國的佛寺，對佛教建築進行過深入的研究，他更在 1937 年出版《中原佛寺圖考》，可見他對其建築設計特色十分熟悉，並能為艾香德牧師建造獨一無二、基督教在地化的建築群。艾香德牧師於 1952 年 3 月 13 日逝世，遺體葬於道風山基督教墳場。

道風山的取名有其深意，據道風山基督教叢林的解釋，當中的「道」並非成佛或者道理的意思，而是解作「上帝的話」；而「風」就是聖靈的力量，至於比較少見的「叢林」，就是修道場所的意思。若然大家細心留意道風山基督教叢林的標誌，不難發現其標誌為蓮花十字架。蓮花既是佛教聖花，又象徵高潔的品格，出於污泥而不染，立在蓮花之上的十字架亦是寓意基督教能在中國落地生根，洗滌信眾的心靈。

## 建築特色

道風山基督教叢林是在廣東地區罕見的江南徽派建築，以磚、木、石為原料，大多突顯山川風景之靈氣。當中的騎馬牆、黑瓦屋頂、紅柱飛簷都是其中特色。在香港覓得這類建築，實屬難得。

從港鐵沙田站出發，經沙田鄉事委員會後方樓梯上山，沿道風山路直上約 20 分鐘便可抵達正門。道風山的正門為一石拱門，正面刻有「道風境界」，後方則是「道風大千」的字眼。繼續前行就會看到主入口的一幅道風山全景彩瓷畫，瓷畫以廣彩聞名，為傳統的中國工藝，內容雖然是與基督教有關，卻運用了山水畫的技巧繪製，極為難得，山的另一方亦有數幅瓷畫給大家品味。

沿着指示牌繼續前行，大家就會經過一個由石卵鋪砌而成的圓圈，看似是迷宮卻是歐洲教堂常見的明陣。前方不遠處有一個半圓小池塘，幾尾錦鯉在池中樂得自在。最令人在意的是池塘上方那幅中式瓷畫，內容是傳統中式的花卉圖，幾棵盛開的蓮花引來蝴蝶蜻蜓前來，但左方卻不是傳統詩句，而是基督教的經文，頗為有趣。

道風山內最引人注目的自然就是「聖殿」，聖殿坐落於花崗石平台上，採用重檐八角

**道風山基督教叢林創辦人——艾香德牧師**
**（圖片由道風山基督教叢林提供）**

攢尖頂設計，裝有數個八角小窗，柱子髹成紅色，柱頂有藍白圖案的雀替。垂脊有瑞獸裝飾，簷角前端各豎立了四個僧侶道士像，反映當時教堂有信奉佛教、道教的僧侶在這裏生活、祈禱、進行文化交流。聖殿顏色的運用亦富有中國類別觀念，紅色代表喜慶，綠色代表生命，黑色代表祭祀，藍色則代表祭天。聖殿外設有一個銅鐘，銅鐘上刻有象徵基督教的六角、十字架及「榮歸上帝」四字。中式的建築，卻是牧師講道的地方，或許這就是中西合璧。

中式瓷畫

聖殿下有「靜室」，內部分為「蓮花洞」及「懺悔處」，套用佛教觀念中的「靜坐」，讓人靜修及懺悔。靜室環境黑暗，只透過祭台前的半圓形窗映入暗淡光線，讓人感覺莊嚴、寧靜。

江南徽派建築特色——聖殿

參觀聖殿後，沿着一條長長的石板路走，便會看到狹窄牌匾「生命門」。牌門寫有四行字句，後方寫有「博愛」二字，由國父孫中山先生題字。通過生命門後，左面是「感恩亭」，右面是十字架。那巨型十字架高約 12 米，為道風山最大地標，從沙田新城市廣場也能遠眺得到。架上刻上「成了」二字，意味耶穌為世人贖罪被釘上十字架，完成了神的使命。

「感恩亭」則是古色古香的中國亭台，當走進裏面抬頭看，便會發現亭頂內鑲有六幅彩瓷，以傳統中國式的畫風展現聖經故事，畫中耶穌及其他人物都身穿傳統中國漢服，格外有趣。若有時間到訪，必要欣賞這些瓷畫。

## 古蹟小知識

當年香港政府欲將其建築納入為法定古蹟，為何會被道風山基督教叢林婉拒這個提議呢？

原來一旦建築物被列為法定古蹟，就會對道風山基督教叢林的使用自由及公開程度帶來影響，道風山基督教叢林是一個修道之地，建築負責人婉拒政府之舉，或許能令我們反思政府現行法定古蹟政策的利弊。

靜室

生命門

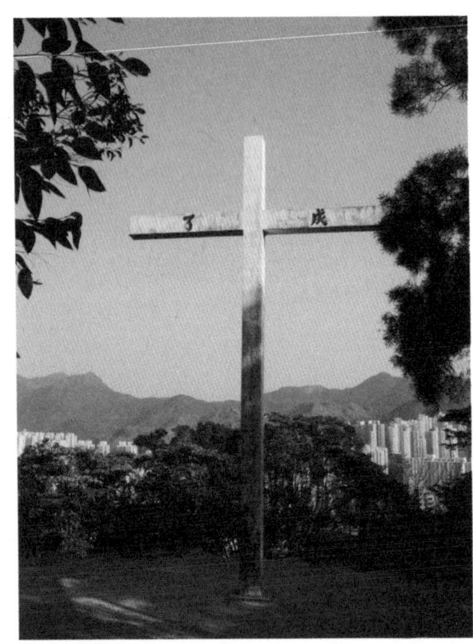


巨型十字架

# 22 灣仔錫克廟

異國風情

Khalsa Diwan Sikh Temple

1901 年落成，被列為二級歷史建築，現進行拆卸重建

基督教的教堂，佛道兩教的寺廟，甚至清真寺，都是香港常見的宗教建築，而在灣仔的司徒拔道和皇后大道東交界，就有一座異國色彩濃厚的建築物，名為錫克廟。錫克廟是錫克教的寺廟，在香港已有百多年的歷史，到底錫克教是一個什麼樣的宗教，又因何會在香港興建寺廟？接下來阿蹟就為大家一一拆解。

| 古蹟資訊 | |
|---|---|
| 名稱 | 灣仔錫克廟 |
| 級別 | 二級歷史建築 |
| 區域 | 灣仔 |
| 地址 | 香港灣仔<br>皇后大道東 371 號 |
| 前往方法 | 建議乘搭巴士，在皇后大道東華仁書院下車。 |
| 開放時間 | 上午 4 時至下午 9 時（現正進行重建，暫時關閉） |

## 古蹟背景

第一個謎題，到底這個連名字都充滿神秘感的的宗教從何而來？

錫克教是來自印度的一個宗教，起源及集中在十五世紀末有「印度糧倉」之稱的旁遮普地區，現時全球約有二千五百萬教徒。有關錫克教的起源，就牽涉到印度複雜的宗教背景。十五世紀末的印度正處於印度教及伊斯蘭教兩大教派的影響中，錫克教創教人古魯那奈克（Gurū Nānak）就是在這種時代背景之下，在兩教的基礎上逐步建立錫克教的理論。「錫克」的梵文為Sikha，解作信徒意思，意指所有的信徒都是創教人古魯那奈克的門徒。

從教義簡單介紹，錫克教主張的是唯一神論，信奉單一的神但廟內就不會設有神像。十位祖師（古魯）以及錫克教的聖典《阿底格蘭特》是信仰中重要的一環，教義上主張人人平等，亦有因果業報的思想。信奉錫克教的信眾都要嚴守戒律：受洗後的男性姓名會被加上「Singh」（獅子），女性則加「Kaur」（公主）；五戒有「不偷盜、不姦淫、不抽菸、不吸毒及不叛教」；入教後教徒需要蓄長髮（Kesh）、攜帶髮梳（kangha）、戴手鐲（Kara）、佩短劍（Kirpan）、穿白色短裝（Katchera），以上五項分別象徵神聖、整齊、決心、勇氣和純潔。

廟內的體制以 13 人的小組構成，最高負責人必須為旁遮普族人，而其餘人數則由 600 人推選而產生。錫克教教徒需要早晚崇拜，每逢星期日或主要的神誕，都會在廟內舉行大型的聚會。

## 建築特色

錫克廟雖然以廟宇為稱，卻與傳統中式的廟宇差天共地。灣仔的錫克廟屬於印度式的伊斯蘭建築，廟堂為長方形，其北座和南座都是在 1933 年加建而成。即使不步進廟內，從遠處亦能看見主殿典型的洋蔥形圓頂和波浪形的尖頂拱，以藍白色作建築的基調。廟內的石柱、欄杆和窗框都構成獨特花葉的形狀。

## 古蹟的故事

**至於為何一個印度的非主流宗教會來到香港落地生根？**

香港錫克教及錫克教徒，其實有着一段不為人知的過去。要知道在印度，大部分人口是以印度教及佛教作為主流宗教，至於以勇武而聞名的錫克教，在印度本土只是少數的教派。早年經英國軍隊來港駐守的印度軍人，其實是經過港英政府進行人口篩選。為了平衡殖民者和被殖民者之間的

洋蔥形圓頂和波浪形的尖頂拱

獨特花葉的形狀

錫克廟內部

矛盾，因而挑選了印度人作為代理人，同時為了防止他們獨大，又在印度人中挑選了來自旁遮普地區的錫克教徒，以制衡印度教徒和穆斯林，這就是錫克教徒被選中的理由。1841 年隨英軍而來的錫克教徒並沒有長駐香港，真正落地生根的一批錫克教徒應是 1862 年被殖民地政府調派到香港進行警隊重整的一群。

上述的情景，只是在香港開埠初期隨英軍而來的錫克教徒，而真正以移民方式來到香港的錫克教徒，就要數到去十九世紀末。不少錫克教的商人從印度前來經商，並且落地生根，於 1901 年在灣仔建造一座樓高兩層的拱頂錫克廟，以供在港教徒日常的禮拜和聚會，這便是灣仔錫克廟的起源。

灣仔錫克廟建成百年有多，錫克廟早年又名「星尊者協會」，最初是由駐港英軍中的錫克教徒主力修建，隨着教徒的人數增多，到了 1938 年加建一層，以容納更多的教徒參拜。在第二次世界大戰期間，此廟曾兩次受到日軍炮火的轟炸，慶幸結構未受破壞。而在戰爭期間，儘管是糧食短缺，錫克廟依然派發糧食，並且不單贈予教徒，非教徒的華人亦同樣是來者不拒。正正因為曾經共患難，令到戰後華人和錫克教徒能夠建立良好的友誼關係。時至今日，這種無償的幫助仍然持續，來者不拒。

香港重光後，經過教徒間的籌款及社會捐贈，將廟宇修復和擴建，使錫克廟變成可容納 200 人的食宿、設有幼兒學校和圖書館的設施，廟內更可供千人朝拜。

不過，在 2018 年 10 月，二級歷史建築灣仔「錫克廟」獲批拆卸工程同意書，現址部分建築將會拆卸重建成一幢四層高的廟宇，看來往事只能回味。

溫馨提示：若要入錫克廟內參觀，先要脫鞋洗腳，男人戴上「頭巾帽」（turban），女人頭上披著「紗巾」（chiffon），以示尊重。

23

# 回教清真禮拜堂

鬧市一隅

Jamia Mosque

又稱些利街清真寺，為香港首座清真寺，建於 1849 年，現為一級歷史建築

| 古蹟資訊 | |
|---|---|
| 名稱 | 回教清真禮拜堂 |
| 級別 | 一級歷史建築 |
| 區域 | 中環 |
| 地址 | 香港島中環些利街 30 號 |
| 前往方法 | 從港鐵中環站 C 出口出發，往禮拜堂只需搭自動扶梯，穿過些利街及羅便臣道交界，就能到達。 |
| 開放時間 | 每天上午 10 時至下午 9 時 |

## 古蹟背景

全港共有五間清真寺，最為人熟悉的莫過於尖沙咀的九龍清真寺，屬全港面積最大，可容納 3,500 信徒。而五間清真寺中，最古老的又是哪一間？

回教清真禮拜堂，俗稱「嚤囉廟」，位處繁榮都市的心臟地帶中環些利街，為香港現存極具代表性的伊斯蘭教建築。作為香港歷史最悠久的清真寺，於 1849 年建成，至今已有 170 年歷史。清真寺並非本地的主流宗教，到底因何會在香港開埠初期就建成寺廟呢？

原來回教清真禮拜堂的建成原因與上篇的錫克廟也是類近，1841 年英軍佔據香港島，隨英軍登陸香港的軍人亦有印度士兵。印度士兵除了錫克教徒，就是以回教徒為主。後來更有回教徒來港經商或從事海員、軍人和警察等工作，從商就有著名的東印度公司。雖然伊斯蘭教為外來宗教，但亦不乏華人信徒。鴉片戰爭後，不少在廣東的華籍穆斯林走難來到香港，聚居在早期的中上環，形成了華人的穆斯林群體。

香港開埠初期的中環是「四環九約」中的心臟地帶，是軍營、洋行和警局各項設施的集中地，此點亦令大部分回教徒在機緣巧合下居住在中環地區。為滿足和方便宗教和聚會的需要，他們向港英政府申請批地興建清真寺並於 1849 年獲批。同年清真寺建成，最初只是一個小石屋，後來因信眾增多所以於 1879 年進行擴建，在 1915 年得到印度富商的捐款進行全面重建，只保留了舊寺的尖塔。在 2010 年被列為香港一級歷史建築，其教徒住所（棲留所）則被列為香港二級歷史建築。

## 建築特色

現時大家若想到嚤囉廟參觀，只要乘坐連接中環至半山自動扶梯便能到達，但對於當時的回教徒來說，他們須由山下爬上一條又一條的樓梯，可想而知「嚤囉廟」的地理位置其實並不方便。

### 清真寺

些利街清真寺依照傳統伊斯蘭教建築的特色，原先整座建築物都是灰白色，只是外牆近年被塗上淡綠色。正門分成石拱及鐵閘兩部分，石拱以幾何的線條和雕刻的石

正門石拱和鐵閘

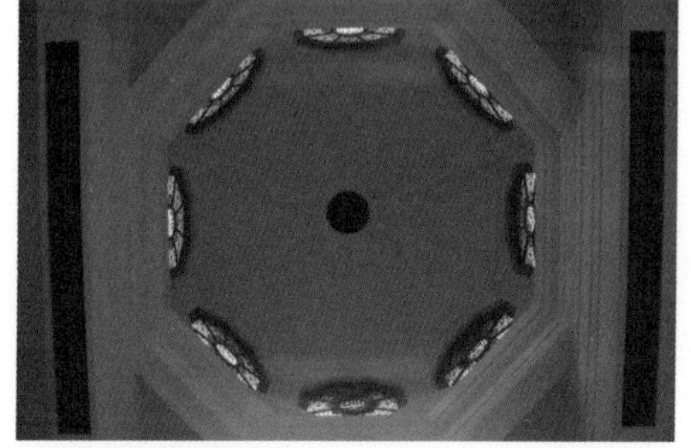
彩色的玻璃通花設計

柱構成，鐵閘亦以幾何對稱的圖案設計，極具異國風情，在上方掛有「回教清真禮拜總堂」的金字石牌。

整座清真寺呈長方形，經過重建後仍保留了原有的尖塔，現佔地 4,000 平方呎。從正門進來，旁邊就是圓頂禮拜殿，仍可看到洋蔥形的尖頂，而四周則是富有阿拉伯色彩的拱窗。

幾何圖形的裝飾是伊斯蘭教建築的重要標誌，在牆身、石柱、屋頂四角，甚至是室內牆身和地毯有大量裝飾線條。清真寺保留了圓頂禮拜殿，以彩色的玻璃通花設計，

主殿

佈置在屋的圓頂範圍，是信眾聚集進行禮拜的場地。室內設有壁龕，提醒前來參拜的信眾聖城麥加的方向。至於宣教台，就是用作講經解道之用。

### 呼拜塔

顧名思義，是呼喚信徒前來做禮拜的塔形建築物，又有另一個稱呼：「宣禮塔」。宣禮塔為清真寺最高的建築物，亦是最具標誌性的。在傳統的伊斯蘭國家，每逢進行禮拜前的 15 分鐘，都會在宣禮塔塔頂播出呼禮聲，這就是宣禮塔的作用。宣禮塔塔頂有星月的標誌，在不少伊斯蘭建築中亦為常見，當中的月是象徵伊斯蘭教的文明，這個新月的圖案在 1451 年更成為了鄂圖曼帝國的族徽。

### 回教棲留所

回教棲留所（Musafirkhana）位於清真寺旁邊正對面，於 1929 年建成，現屬香港二級歷史建築。棲留所高三層，斑駁的粉紅色外牆已褪成淡黃色，唐樓風格與清真寺構成有趣的景象。棲留所本用作回教徒借宿的短暫居所，二戰時期這裏收留了不少避難及貧困的回教徒於棲留所及附近聚居。很多從其他地方如巴基斯坦、澳門等前來的伊斯蘭教傳教士居住在底層，上層三個單位則由幾個教徒家庭共住。

也有名人小時候曾入住這個棲留所。肥媽曾在此度過童年，她表示當時很多回教徒家庭聚居在此，鄰里互相幫助，甚至會為整幢樓的家庭代購清真食物，小孩於附近玩耍，好不熱鬧。只是事過境遷，棲留所內現只有數位回教徒居住，即使正值禮拜時間亦只見數位信徒前來，環境早已變得冷清。

### 清真寺小知識

1 目前本港回教徒常聚的清真寺只有三間，分別是中環些利街清真寺、灣仔愛群清真寺和九龍尖沙咀清真寺。另有兩所規模較小的清真寺，分別位於柴灣歌連臣角和赤柱監獄。赤柱監獄的小清真寺，只供懲教署內印、巴裔的穆斯林職員禮拜之用。

2「嚤囉」一詞曾被理解為對印度人的種族歧視，雖然這個叫法從何而來已無從考究，但據說是因為 Musselmen 一詞被簡化成 Morra，而 Morra 與粵語中的「嚤囉」同音。

溫馨提示：進入室內前，謹記脫下你的鞋子。伊斯蘭教嚴禁偶像崇拜，所以室內不會有任何人像的壁畫。

宣禮塔

二級歷史建築——回教棲留所

## 第五章參考資料及延伸閱讀

丁新豹：《香港歷史散步》（香港：商務印書館，2008 年）

黃棣才：《圖說香港歷史建築 1920-1945》（香港：中華書局，2015 年）

第六章

# 附庸風雅——英式街頭設施

英國人管治香港的期間，建造了不少西式建築，同時亦無心插柳地在不少街頭設施上用上英式歐式的設計，當中有些沿用至今，亦有部分已成傳統，在乏味的石屎森林中，附庸風雅。

# 24 消逝的古蹟

# 都爹利街石階及煤氣路燈

## Duddell Street Steps and Gas Lamps

| 古蹟資訊 | |
|---|---|
| 名稱 | 都爹利街煤氣路燈 |
| 級別 | 法定古蹟 |
| 區域 | 中環 |
| 地址 | 香港島中環都爹利街 |
| 前往方法 | 港鐵中環 D2 出口，沿畢打街轉入皇后大道中，就能到達都爹利街。 |
| 開放時間 | 全日 |

其中一樣英式的街頭設施，伴隨幾代香港人成長，不少電視劇的浪漫場景、愛情故事都在這裏發生，最為經典當然就是梅艷芳小姐的《夢伴》。這項特別的街頭設施就是位於中環都爹利街南端的四盞煤氣路燈。

### 古蹟背景

都爹利街石階連同四盞煤氣路燈於 1979 年 8 月 15 日都被列為法定古蹟，花崗石鋪成的石階共 60 多級，兩旁設有石欄，石欄兩旁盡頭的四角石柱就各有一枝約 2 米高的燈柱。他們的建成年份難以考究，從以前

雙燈泡羅車士打款式煤氣路燈

都爹利街石階連同四盞煤氣路燈，於 1979 年 8 月 15 日都被列為法定古蹟

的香港地圖推斷，此條石階早在 1875 至 1889 年間已經存在。由此推斷，路燈的建成路份亦相約。而在政府部門中，最早有煤氣路燈相關的記錄是在 1922 年。

## 建築特色

煤氣路燈使用的是「雙燈泡羅車士打款式」（Two-light Rochester Models），由塞斯公司製造，屬羅徹斯特雙燈型號，燈柱較短，以便於安裝在石階的護欄上。最初的時候路燈是以人手點亮，現已改為自動操作。

後來煤氣燈一度中止運作，原因不明，但在 1948 年 2 月 29 日重新運作。隨着電燈的普及，全港其他煤氣街燈於其後 20 年陸續被電燈取代。煤氣燈本應被逐漸淘汰，但中華電力有限公司在 1967 年繼續點燃四盞煤氣燈，成為本港僅存仍然提供街道照明服務的煤氣路燈。香港政府曾經提議送往香港歷史博物館作為藏品，其後決定保存，並由煤氣公司供應煤氣及負責維修。花崗石上的四盞煤氣路燈會在每晚 6 時亮起。

可惜此情此景已經不再，2018 年 9 月 16 日超強颱風山竹襲港，其中三枝煤氣燈被大樹壓毀，《夢伴》或許已成絕唱。

2018 年 9 月 16 日，超強颱風山竹襲港，其中三枝煤氣燈被大樹壓毀

# 25 怡和午炮

百年傳統

The Jardine Noon Day Gun

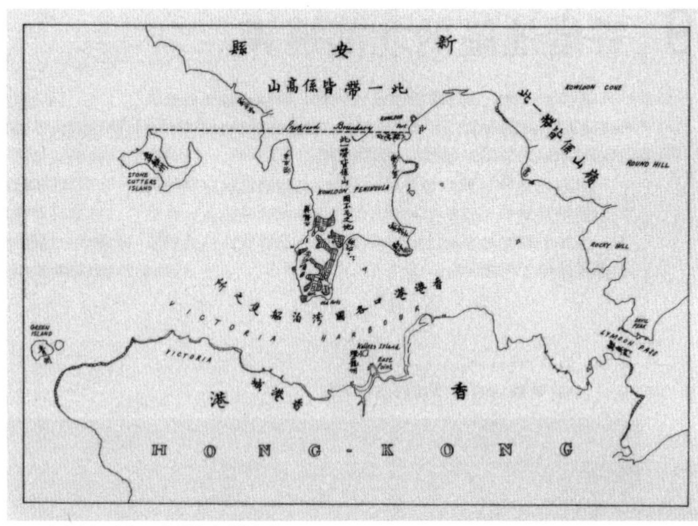


1860 年新安縣地圖中的銅鑼灣東角

| 古蹟資訊 | |
|---|---|
| 名稱 | 怡和午炮 |
| 級別 | 法定古蹟 |
| 區域 | 銅鑼灣 |
| 地址 | 銅鑼灣告士打道海傍 |
| 前往方法 | 銅鑼灣站 D1 出口，步行到告士打道穿過世界貿易中心的人行地下道可達。循着樓梯向下步行往停車場 B1 層轉右即看見行人隧道。 |
| 開放時間 | 正午 12 時發炮 |

每日的正午時分，銅鑼灣告士打道海傍都有如雷貫耳的一聲巨響，這一聲巨響來自怡東集團管理的怡和午炮。午炮的建成年份已經無從考究，但這項堅持了百多年的傳統仍可以追溯到 1850 年代的怡和洋行。

## 古蹟背景

怡和午炮的歷史和十九世紀的怡和洋行有數不清的關係，今日的怡東酒店亦是屬於怡和集團旗下的業務。怡和洋行，原稱渣甸洋行，其創辦人威廉·渣甸曾在鼎鼎大名的東印度公司任職，後於 1825 年與印度士堅拿公司合夥創辦了渣甸士堅拿洋行，早年積極參加對中國的貿易，從事煙草和鴉片走私的業務起家。在歷史上，威廉·渣甸正是推動鴉片戰爭的重要人物，從説服國會以至制定戰爭計劃，都是由他策劃。隨着鴉片戰爭的爆發，渣甸洋行逐漸把其洋行業務從廣州移至香港，分別在 1841 年購置香港首幅出售的地皮——東角地皮，並在 1842 年把洋行易名為怡和洋行。時至今日，怡和洋行已是遠東最大的英資財團，對早年香港亦有舉足輕重的影響。

怡和洋行於 1841 年投得的東角，並非單純的地名，從地形上理解亦真正是海岸線上突出的一部分，形狀正是一個海角，位處銅鑼灣及黃泥涌之間。怡和洋行投得此地皮後，先後建設了洋行的總部、船廠、貨倉、糖廠等，百年間經歷了多次的填海，如 1883 年的銅鑼灣填海及奇力島的填海工程等，中環至銅鑼灣一帶的海岸線向外延伸，東角已不再是海角。這塊地皮之上，直到 1973 年才出現怡東酒店，怡東怡東，大概是「怡和的東角」之意。

## 古蹟的故事

怡東酒店在 2019 年 4 月進行重建，但怡和午炮就仍然得以保存。了解怡和洋行早年的背景後，接下來就為大家細說到底為何會有每日正午鳴炮的傳統。

香港開埠初期，洋行的地位舉足輕重，銅鑼灣東角一帶就被怡和集團投下並發展成貨運碼頭，附近亦設有貨倉。當時香港的治安環境惡劣，盜賊海盜橫行，為求自保，怡和洋行就購入一個小型的火炮，以保衛自身的財產，這個就是東角午炮的起源。

至於因何鳴炮的傳統會一直流傳，就有以下的一個傳言：隨着炮台的設立和皇家衛戍部隊砲隊的到來，怡和早期的員工亦擴充了火炮用途，用作鳴炮歡迎或送行，而對象多為洋行的「大班」或其他大人物。正所謂「上得山多終遇虎」，怡和在 1850 年代某次鳴放禮炮迎接怡和洋行大班羅拔渣甸爵士的時候，就因 21 響響亮的炮聲令一名英國海軍高官誤以為敵襲，經過一輪追查，發現鳴炮者為怡和洋行。這位高官震怒，認為一個私人機構並沒有權力鳴放軍隊中最高級別的儀式。於是，軍官要求怡和洋行每日正午 12 時鳴放禮炮作為懲罰，逐漸就變成傳統，流傳至今。

雖然午炮的傳統有百年歷史，不過曾經中斷數年。1941 年 12 月日軍攻佔香港期間，

**銅鑼灣東角的怡和午炮，建成年份不詳，每日正午都會鳴放禮炮，已被列為法定古蹟**

主幹為藍色

炮身為銀色金屬

正門鳴炮前必須搖鈴

午炮的儀式被暫停，大炮亦被奪走，至今下落不明。香港重光後，英國海軍為了能延續這項傳統，就向怡和送上一枝能發射 6 磅炮彈的大炮，但後來因為炮聲響亮改為使用 3 磅的炮彈，怡和午炮在 1947 年 8 月 30 日恢復運作。

## 古蹟特色

怡和午炮一般不對外開放，只有鳴炮後才會開放片刻予公眾。發炮手於發炮前後分別要搖鈴 4 次，象徵上午工作時段結束。炮身為銀色金屬，主幹為藍色，四端由藍色鐵柱及金色的鎖鏈圍封。原來的炮身長達 3 尺，但在日治期間被奪走，至今下落不明。現時的怡和午炮，是香港重光後由英軍送贈。

怡和午炮除了每天正午的鳴炮，還有一項由蘇格蘭的愛丁堡城堡傳入的儀式，名為「子夜午炮」。每年元旦前夕最後一分鐘都會鳴炮和以風琴奏樂，象徵送舊迎新。一般的午炮都是由專業的炮手執行，在 1989 年開始凡捐贈予香港公益金達 33,000 港元就可獲得鳴炮的機會，捐款者並可獲贈一枚複製彈殼留念。「子夜午炮」則多由達官貴人主持。

## 小知識

「大班」（Tai pan）用以形容 19 世紀到 20 世紀間從事商行企業的高層，特別是任職洋行的負責人。

第三代郵政總局（圖片由香港郵政提供）

畢打街正門（圖片由香港郵政提供）

香港首份發行郵票，全部印有維多利亞女皇的頭像。（圖片由香港郵政提供）

隨着通訊的發達和智能電話的普及，大部分情況下大家或許已經不需要使用郵筒寄信，但在上兩個世紀前，香港的通訊和日常對外的聯絡，都相當依賴郵政的服務。現在香港約有 1,150 個郵筒，大家可曾想過原來墨綠色的背後曾經是一片鮮紅，而香港郵政的蜂鳥標誌，昔日卻是一個個皇室標誌？接下來就為大家一一講述背後的歷史。

## 古蹟背景

郵政服務在現今的社會或許不再是新鮮事，這項有百多年歷史的服務最早可以追溯到 1841 年的 11 月，亦是香港第一所郵政局建成的日子。根據地政總署早期的圖則，這所郵政局的位置是在聖約翰座堂的政府山之上，後來於 1846 年才搬遷至皇后大道與畢打街交界的新郵政大樓。百年間，郵政總局經歷多次搬遷和擴建，亦在全港各區開設郵政局，現存最古老的郵政建築就是港島的舊灣仔郵局，建於 1912 年，現為環境保護署用作灣仔環境資源中心。而現存最古老並維持服務的郵局為赤柱郵政局，位於黃麻角道 2 號，由 1937 年投入服務至今。

香港五個殖民地時期郵筒（圖片由香港郵政提供）

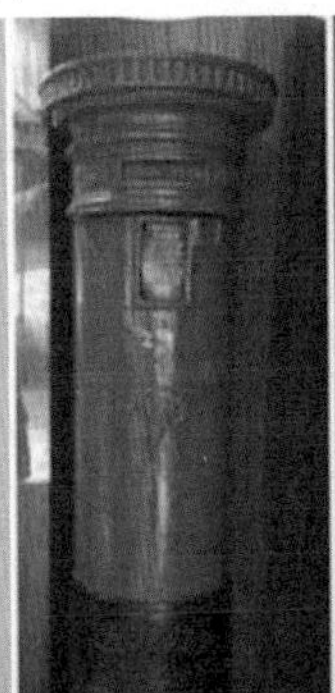

香港現時唯一的郵政建築法定古蹟

| 古蹟資訊 | |
|---|---|
| 名稱 | 舊灣仔郵政局 |
| 級別 | 法定古蹟 |
| 區域 | 灣仔 |
| 地址 | 灣仔皇后大道東 221 號 |
| 前往方法 | 港鐵灣仔站 A3 出口出發，往皇后大道東方向步行。 |
| 開放時間 | 星期一、三至日：上午 10 時至下午 5 時<br>星期二及公眾假期：休息 |

## 舊灣仔郵政局

舊灣仔郵政局，是香港現存歷史最悠久的郵政建築，建於 1912 至 1913 年間，位處灣仔峽道和皇后大道東交界。據説舊灣仔郵政局早年是被用作警署，後來於 1903 年警方搬離該址，潔淨局決定興建一座廁所，共有 40 個廁格，惟服務了 11 年後被拆卸，到 1915 年 3 月 1 日才正式轉為灣仔郵政局。有 100 多年歷史的郵局，在 1990 年 4 月被列為法定古蹟，經過保養和修復後，被設計成政府環保署屬下的「環境資源中心」，用作展示環境保護的資料及圖片；其中一區則有郵政局前身設施，包括以前遺留下來、髹有紅油的郵箱，以及柚木櫃檯、郵票售賣機；花園內其中一道牆是用翻新郵局時回收的磚塊砌成。

舊灣仔郵政局雖然不大，但當時內設大堂、辦公室、宿舍、廚房和廁所，設備完善。舊灣仔郵政局從圖則上看，是一座曲尺型的建築物，外牆沒有過多的裝飾。這座簡樸的建築物，結合了中西式的建築風格，人字形瓦頂建築就依照嶺南建築風格建造，以雙筒雙瓦的方式鋪設，並有荷蘭式的山牆襯托。此外還有入口的拱頂，以及有長形的拱石裝飾的窗戶窗台，均實而不華。

香港郵政為紀念這座具歷史意義的郵政建築，曾三次發行印有舊灣仔郵政局的郵票：

1. 「香港歷史建築物」
   發行日期：1985 年 3 月 14 日
2. 「香港十八區特色——灣仔區」
   發行日期：2006 年 7 月 18 日
3. 「香港法定古蹟」
   發行日期：2007 年 9 月 20 日

「香港歷史建築物」、「香港十八區特色—灣仔區」以及「香港法定古蹟 」郵票。( 圖片由網友 Simon Wong 提供 )

中西融合的建築風格

香港現存最古老並仍然運作的郵局

## 赤柱郵政局

赤柱郵政局是香港現存最古老並仍然運作的郵局，建於 1937 年，80 多年來經歷過數次翻新，赤柱郵政局已與原貌不同，只是 2007 年 8 月進行的大型修繕工程，重塑了郵局昔日佐治六世時期的建築風貌。

赤柱郵政局位於黃麻角道 2 號，是香港第十二間建成的郵政局，當時赤柱是個小漁村，郵局的服務對象主要是漁民及軍人。郵局面積只有 33 平方米，在旁邊的大樹下更顯得十分細小。

赤柱郵政局於英國國王佐治六世在位時建成，屋頂依舊是金字塔式，牌匾則是人手以毛筆書法寫有「赤柱郵政局」，兩面白色的窗花都嵌有代表佐治六世的「GR」徽章。

赤柱郵政局於七十年代曾進行擴建及翻新，內裏設施早已變得現代化。後來郵政署長譚榮邦到郵局巡視時，發現郵局的建築結構出現問題，有滲水及倒塌危機。本來赤柱郵政局面臨拆卸，惟搬遷比修葺工程的成本多達 200 多萬，加上原址維修亦能保留原有特色建築，最後郵政署決定於 2007 年為赤柱郵政局進行修復工程，才能讓各位繼續看到今日的赤柱郵政局。

赤柱郵政局除了依據 1937 年當初落成郵局時的原貌進行修復，重現了殖民地時代充

**古蹟資訊**

| 名稱 | 赤柱郵政局 |
| --- | --- |
| 級別 | 二級歷史建築 |
| 區域 | 赤柱 |
| 地址 | 香港島赤柱黃麻角道 2 號 |
| 前往方法 | 各區巴士進入赤柱市中心即可 |
| 開放時間 | 星期一至五：上午 9 時半至下午 4 時半<br>星期六：上午 9 時半至下午 4 時<br>星期日及公眾假期：休息 |

佐治六世的「GR」徽章窗花

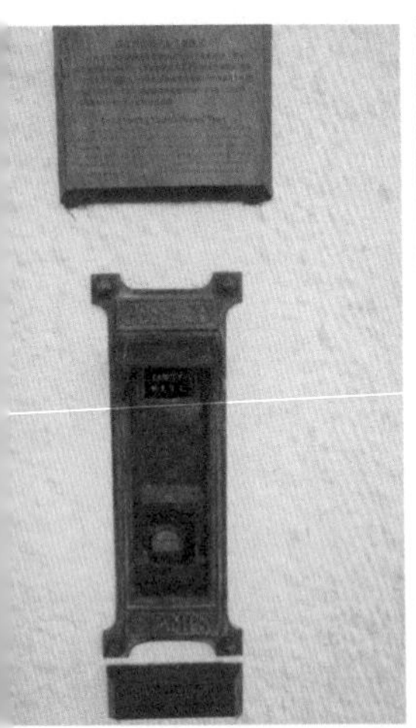
第一代自助郵票售賣機

GR 徽章的紅郵箱

滿佐治六世時期的模樣，另外還設置第一批自助郵票售賣機，以及全港絕無僅有、刻有 GR 徽章的紅郵箱，讓人一睹如斯珍貴的文物。

修繕工程還包括翻新窗花，更換開放式的櫃台及玻璃隔壁，改用了木製櫃台及裝上了鐵製格柵，修復了水磨石地板及建築物頂部，去除了假天花，能讓大家看到郵局初建成時留存至今的木製桁樑和橫樑。

## 香港殖民地時期的郵筒

早期的郵政服務，主要的用家為英商和殖民地政府的官員，1862 年發行的首批郵票，全部印有維多利亞女皇的頭像，價格由 0.02 至 0.96 港元不等，對當時的平民而言可算是價格不菲。在郵政服務營運了 37 年後，第一個郵筒終於在 1878 年設置在文咸街，由於早期的郵局服務和社會需求不成正比，收集到的郵資其實不足以維持整體的運作。第二個郵筒就選擇設立在業務繁忙的西環警署之內，其後亦依照這種方式，把郵局設立在公共設施附近如碼頭車站。

現時墨綠色的郵筒，在回歸之前為一片象徵港英政權的鮮紅，郵筒的柱身為黑色，只是後來為了配合郵局的顏色及去殖化的因素，才塗上綠色的油漆。在這批殖民地時期的郵筒中，又有分成不同時期及不同外型。這時期最普遍的是嵌牆方型、圓柱型及柱型三種，早年是在英國訂製，後來

就直接在香港製造。若以郵筒整體的造型繼續細分，在回歸前後十年比較流行的是拱頂方箱型、方箱型、小方箱型及拱頂小方箱型等種類，多在中國訂製。在偏遠的地區如大澳和離島等，就會以鐵製和木製的小郵筒為主。

香港現約有 1,150 個仍在服役的郵筒，有 63 個屬殖民地時期，其中 59 個是帶有英國皇室徽號的舊郵筒，另外 4 個沒有英國皇室標誌。至於已經退役的殖民地時期郵箱，就有 5 個仍然保留深紅的油漆並保存下來，分別位於香港歷史博物館、香港郵政郵展廊及赤柱郵政局外牆作展示之用。

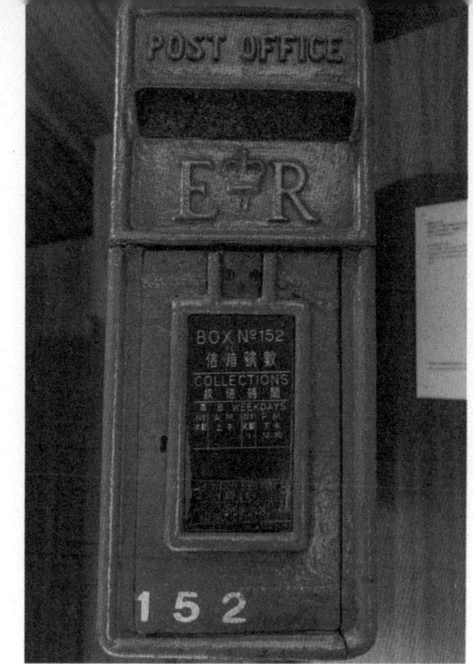

ER 掛牆方型

殖民地時期，香港就經歷了維多利亞（Victoria Regina）、愛德華七世（Edward Rex VII）、佐治五世（George Rex）、愛德華八世（Edward Rex VIII）、佐治六世（George Rex VI）及伊利莎白二世（Elizabeth Regina II）共 6 位英皇和女皇的統治，郵筒上的神秘符號，多為他們名字的縮寫。

為方便大家對照，特意列了下表以供參考：

| 年份 | 時期 | 標記 |
|---|---|---|
| 1837-1901 | 維多利亞女皇（Victoria Regina） | VR |
| 1901-1910 | 愛德華七世（Edward Rex VII） | ER VII |
| 1910-1936 | 喬治五世（George Rex、不附帶羅馬數字） | GR V　GR |
| 1936-1952 | 喬治六世（George Rex VI） | GR VI |
| 1952-1997 | 伊利莎白二世（Elizabeth Regina II） | ER II |

VR 圓柱型

看過上表，眼利的讀者或會發現為何缺少了一位英國的君王？這位君王是愛德華八世，在位時間是 1936 年 1 月 20 日至同年的 12 月 11 日，在位時間不足一年，故此殖民地時期的郵政局沒有為其製造郵筒、郵票及貨幣。

回歸以前，一旦退役的郵筒，就會以拍賣的方式處理，以投標的形式進行。在 1996-1997 年間，兩次的拍賣就賣出了 14 個圓柱型郵筒和懸掛燈柱型郵筒，以及四個嵌牆式郵筒，當中的喬治五世圓柱型最高賣得 5 萬港元，其餘的型號就以伊利莎伯二世的圓柱型號和懸掛燈柱型為主。現時退役的郵筒，就會送往郵局貨倉靜候發落。

## 古蹟的故事

### 中環皇后像廣場上的蘇格蘭血淚史

中環皇后像廣場上的郵筒除了是全港唯一的巨型郵筒，其背後都隱藏着一段蘇格蘭民眾的血淚史。細心留意郵筒，其身上的皇室徽號與其他郵筒甚為不同，而且在筒腳註明，郵筒的鑄造地為 GLASGOW KIRKINTILLOCH LION FOUNDRY CO. ，即蘇格蘭格拉斯哥地區，而非英國鑄造。原來曾經有這樣的一段歷史，在蘇格蘭與英格蘭結成聯合王國前，蘇格蘭的瑪利女皇就被英格蘭的伊利莎白一世囚禁 20 年，並在 1587 年被殺害。事件令蘇格蘭民眾普遍不接受英格蘭的皇朝體系，郵筒上的皇冠實為蘇格蘭皇冠，而印有英格蘭皇冠的郵筒，即使在數百年後的 1952 年，仍在英國郵政年報中有被塗污和炸毀的報告。同款同批次的兩個郵筒在 1970 年代運到香港，其中一個在 1997 年間被移除，至今仍下落不明。

### 集寄信避彈於一體的「揹仔郵筒」

「揹仔郵筒」，即柱形郵筒再加上郵票售賣機，曾經在香港繁榮地區都有它的蹤影。在 1985 年的一次槍戰中，就真正印證郵筒

用料十足，有避彈的功能。

事源是太子道的周大福珠寶金行發生劫案，接報的警員到達現場並和賊人展開槍戰，警察當時就以「揹仔郵筒」作掩護物，並成功擊倒犯人。郵筒事後被發現傷痕累累，成為城中的一時熱話。可惜在事發後的數星期，投幣郵票售賣機被拆除，郵筒亦經過維修，當時驚險的事就被掩蓋了。

## 古蹟小知識

郵筒的顏色紅色和綠色，原來還存在幾種不同的顏色，不知大家有否留意？

### 現存唯一的紅色郵筒

現存仍然維持紅色的郵筒除了在博物館內，還有就是在黃竹坑警校之內，但這個郵筒只供警校內的工作人員使用，所以無法一睹它的真身。

### 曾經白色的郵箱

位於赤柱郵政局的嵌牆式郵箱，由於是嵌牆式的設計，郵筒內的容量無法增加。面對日益增長的郵政服務，郵局只好在門外放置容量更大的信箱，一度把原來的嵌牆式郵箱塗上與牆身相同的白色，後來回復原狀。

### 紫色郵箱

除了綠色的郵箱外，紫色郵箱亦是為數不少仍被使用的郵箱，但要注意的是，紫色的郵箱並不是用作收集信件。以往香港曾發生過不少郵件被盜事件，主要的原因都是過重的郵袋令郵差不得不放下信件，令賊人有機可乘。為了防止同類的罪案發生，未派遞郵件的郵袋都會存放於街上的紫色郵箱作暫存用途，既減輕郵差的負擔，又可保障信件的安全。

中環皇后像廣場上全港唯一的巨型郵筒

## 古蹟資訊

| 名稱 | 殖民地時期郵筒 |
| --- | --- |
| 級別 | 沒有評級 |
| 區域 | 全港各區 |

第七章

# 黑色聖誕節——香港保衛戰戰事遺址

香港自 1841 年落入英國人的管治之下，日不落的政權終於受到遠東的東洋島國挑戰，而香港就成為同盟國與軸心國兩股勢力較量的地方。香港保衛戰的結果未如人意，守軍背後或許各有考量，但客觀上而言他們是為保衛香港而犧牲，先輩所付出過的努力亦不應被遺忘。

## 香港保衛戰過程

香港保衛戰是一場被遺忘的戰爭，指的是二次世界大戰期間日軍進攻英屬殖民地香港所維持的 18 日戰事。此場戰爭在 1941 年 12 月 8 日爆發，以時任港督楊慕琦於 12 月 25 日宣佈無條件投降作結。香港亦隨即踏入 3 年 8 個月的黑暗日子，亦是史稱的「黑色聖誕節」。

早在 1920 年代，日軍就已經在香港進行情報的考察，從地形到軍隊佈防的資料都一一收集，1926 年編修《香港兵要地誌》，1938 年再度更新。日軍除了掌握地形和佈防的資訊，在人手上香港守軍亦與日軍軍力懸殊，香港守軍有不同國籍的人士，並組成數個軍團，共有約 13,000 人，不足 10 架戰機。

香港保衛戰維持了 18 天，對英國、日本及香港來說都是出乎意料，而這 18 天的戰事可記之事甚多，未能盡錄，先為各位介紹保衛戰的流程。這場戰爭是在 1941 年 12 月 8 日，日軍越過深圳河後展開，原定訂劃只需 10 日就能佔領香港，日軍卻先在城門碉堡自亂陣腳。突如其來的失守令英軍不得不在金山和日軍展開激戰，死傷慘重。英軍在 12 月 10 日和 11 日退守港島，並切斷新界的交通，由印度兵團在魔鬼山殿後。繼新界和九龍失守，當時港督楊慕琦在 12 月 12 日仍拒絕日軍的勸降，結果在 13 日就受到約 3,600 枚的炮彈轟炸港島，數個英軍炮台受損。接下來的數日，不少英軍的炮台、驅逐艦逐一被摧毀，英軍已無力阻止日軍登陸港島。17 日，日軍 228 聯隊、229 聯隊於北角、太古及愛秩序灣登陸，並在後來數日在黃泥涌峽展開攻防戰，死傷慘烈。彈盡糧絕的守軍死守赤柱，在 12 月 25 日聖誕節，守軍全線失守，港督簽署投降書。

# 醉酒灣防線分佈圖

新界

昂船洲軍營

摩星嶺炮台

大嶼山

城門碉堡
九龍
醉酒灣防線結構物位置
魔鬼山炮台
炮台
鯉魚門軍營
香港
歌連臣角燈塔
涌峽軍事遺跡
鶴咀炮台
角炮台
博加拉炮台
軍事設施

增強本港防衛實力

加拿大軍昨日抵港

總督陸軍總司令親到歡迎

全軍列隊開駐深水埔營房

守護香港的加拿大軍（香港工商日報，1941-11-17）

## 加拿大人為何參戰

在香港保衛戰中，有多個不同國籍的軍人犧牲，如英國、印度、澳洲和尼泊爾等，當中最慘烈的是加拿大軍人，他們的參戰是一個令人傷感的故事。在二次世界大戰的前期，歐洲戰場令英國軍力應接不暇，在集體聯防的原則下，香港的防務就獲加拿大派兵支援。這兩營約2,000 人的士兵是加拿大皇家來福槍營及溫伯尼榴彈兵營，皆為士官學校的畢業生，沒有實戰的經驗和充足的訓練，並不適宜調派至戰場。香港保衛戰中有近 3,000 士兵直接戰死，當中近 300 人為加拿大人。

## 香港保衛戰防衛設施

在現時古物古蹟辦事處的歷史建築名單中，與香港保衛戰有關的歷史建築和法定古蹟就有上頁防線分佈圖所列的 11 處，其中昂船洲軍營並沒有獲得任何評級。這批歷史建築中既有炮台，亦有軍營，都是殖民地時期由英軍逐步建立設置的防線設施，用作守衛香港。阿蹟為大家精選了三個具代表性且仍然保存完整的遺址，為大家解構當年英軍所設立的防線。

# 27 城門棱堡

## 醉酒灣防線

*Gin Drinker's Line and Shing Mun Redoubt*

| 古蹟資訊 | |
|---|---|
| 名稱 | 城門棱堡 |
| 級別 | 二級歷史建築 |
| 區域 | 荃灣 |
| 地址 | 金山衛奕信徑 6 段 |
| 前往方法 | 從城門水塘菠蘿壩小巴站出發，沿城門道、麥理浩徑第 6 段至孖指徑。 |
| 開放時間 | 全日 |

以城門水塘為障礙的防線

醉酒灣防線與酒並沒有關係，此條防線是 1938 年英軍為香港保衛戰而在新界設置的大型防禦工程，用作阻止日軍輕易攻入九龍半島及香港島。醉酒灣防線又被稱為 Grasett 內防線，由醉酒灣（現葵芳一帶）延伸至沙田，橫跨至牛尾海，全長 18 公里。與摩星嶺的炮台不同，此處是以混凝土和鋼筋築成的射擊陣地，沿路佈滿戰壕和碉堡，俯瞰城門山谷。

城門軍事碉堡陣地仿照第一次世界大戰後歐洲防線採用的模式來興建，於 1937 至 1940 年以建設城門水塘為掩飾，逐步在水塘以南的山坡上建立設施，扼守醉酒灣防線要塞，當時預計能拖延日軍南進兩個星期。

### 古蹟背景

上述的摩星嶺軍事要塞是為守衛港島而設立的一個軍事要點，至於九龍和新界的土地，英軍亦非完全放棄，而是設立一條以城門水塘和九龍半島多個山峰為障礙的醉酒灣防線。在 1930 年代時，英軍的參謀相信只要守住香港 54 日，就能等到艦隊抵港支援。整條防線全長 18 公里，參照了歐洲防線的模式設計，如著名的馬其諾防線。醉酒灣防線由 90 個機槍堡、11 個指揮所、3 個炮兵觀測所組成，建築物之間以戰壕連接。

英軍預料能以醉酒灣防線拖延日軍兩個星期，結果防線不足兩日就被瓦解。遺留下來的城門棱堡共 55 座建築得以保留，隧道、戰壕和 5 座碉堡集中在金山郊野公園之內城門水塘一帶，其餘分散在獅子山、大老山及牛尾海一帶。故此，要一覽醉酒灣防線的軍事設施，就要到城門棱堡。這個保存相對完整的戰事遺址，於 2009 年被列為二級歷史建築物。

## 戰況

城門碉堡設有四組機槍堡、一個砲兵觀察所、隧道及戰壕，亦有城門水塘作為天然屏障，規模龐大，具一定的防禦力。當時英軍認為此碉堡的設計能在沒有外來支援的環境下，120 名守兵能堅守兩個星期。

在新界駐港守軍僅有 3 營步兵駐防，分別是皇家蘇格蘭步兵團第第 2 營駐守「醉酒灣防線」西段，印度第 14 旁遮普（Punjap）團第 2 營防守中段，印度第 7 拉吉普（Rajput）團第 5 營防守東段。

可是，1941 年 12 月 9 日，日軍從深圳攻入香港，因得知城門碉堡守衛空虛，只有約 30 名英軍駐防，便於翌日由針山夜襲此碉堡，用了數小時便成功佔據。負責駐守此處的為蘇格蘭皇家軍團，防守鬆懈是其中一個致敗原因，而在戰前爆發的瘧疾，亦令這個原應由 120 人防守的戰線人手嚴重不足。

## 第 228 聯隊私下突擊

在城門碉堡的其中一條隧道可見「若林隊占領」的刻字，「若林」是指當時日軍第 228 聯隊第十中隊的指揮隊長若林東一。此可追溯當時城門碉堡被攻陷的過程。

日軍第 228 聯隊隊長土井定七違抗軍令私下行動，於 1941 年 12 月 9 日派出第三大隊的第九、第十中隊攻入第 230 聯隊轄區的城門碉堡。日軍於日落前已到達針山近城門水霸北面，還看見英軍在陣地晾曬衣服。晚上 7 時左右，土井下令第三大隊取道城門水壩，移除該處的炸藥。晚上 8 時日軍開始從城門水霸頂部的道路一舉通過，於 PB401a 和 b 附近攀上陣地進行第一波攻擊，途中並無受阻。在 10 時 10 分攻佔 PB401a，孤立了 PB401b 的守兵，但其間受到 PB402 附近的守軍還擊，於是日軍決定兵分兩路進行第二波攻擊。

第十中隊（若林東一指揮）直接進攻南方的砲兵觀察所。觀察所本來曾派哨兵經通氣口離開，卻因被日軍發現而失敗。若林將觀察所所有出口封鎖，炸毀上鎖的閘門，並不斷經通氣口向站內投擲手榴彈。最後指揮所全部守軍投降被俘。第九中隊（春日井由太郎指揮）則封鎖西面出口，並攻擊 PB402。PB402 是整個城門碉堡最後一個失守的陣地，當時只有六個守軍。

蘇格蘭步兵團第二營 A 連連長鐘斯投降，城門棱堡淪陷，落入日軍手上。不過，土井定七因違抗命令而遭受責備，攻入城門棱堡的功勞，就記在日軍 228 聯隊第十中隊的隊長若林東一身上。

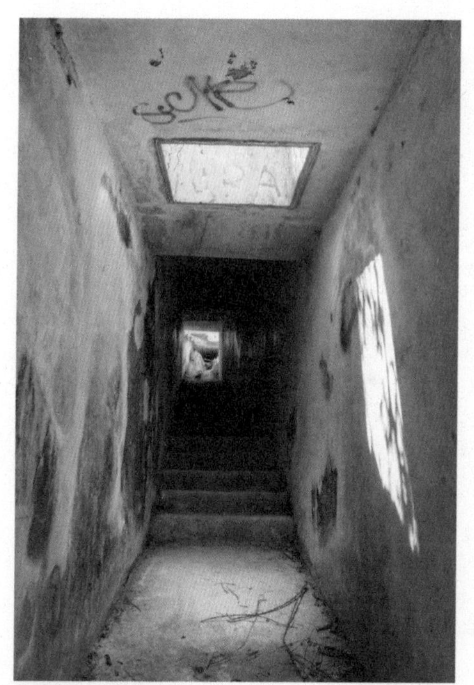

連接各碉堡的隧道

炮兵觀察所

## 城門棱堡「角面陣」

城門棱堡又名城門「角面陣」，形狀似一個五角形（等腰三角形及倒轉等腰梯形合成），分為一個母堡及五個子堡。母堡為砲兵觀察所，能由隧道「史泰寧皇宮酒店」（Strand Palace Hotel）前往，位在高地，是整個城門碉堡的指揮中心。有研究團隊估計，英軍取 Hotel 的 H 字頭以暗示 headquarter（總部）。

砲兵觀察所由混凝土及鋼筋建成，牆厚 15 至 18 吋，正面向外有一個大窗孔，用側門出入，內部有廁所、軍官休息室及會議室，經隧道連接位置較低的廚房。砲兵觀察所亦設有無線電通訊站，用來與摩星嶺的西海岸炮台指揮部聯絡。當時城門偵察站發現有敵軍攻至城門距離約一公里時，守兵曾用無線對講機通知西海岸炮台指揮部，以西海岸炮台發炮攻擊。

五個子堡編號分別為 PB400、PB401a、PB401a、PB402 及 PB403，設計為有石屎頂的房間，內設有吊床，方便守軍休息輪更。裏面除了設有多個機槍座可發射機槍，亦設有小口徑砲砲座，及一座口徑 240 毫米的重炮。四周建有鐵絲網以抵禦入侵。

廚房

## 古蹟小知識

各碉堡皆以隧道連接。駐守的士兵主要為第二皇家蘇格蘭兵團，隧道全以倫敦的著名街道及地標命名，以便守兵記住，分別為牛津街（Oxford Street）、麗晶街（Regent Street）、比格蒂莉（Piccadilly）、草市（Haymarket）、舒佛畢利巷（Shaftsbury Avenue）及查寧坊（Charing Cross）。

根據紀錄，當時日軍只用過軍刀和手榴彈進行攻擊。因此，城門碉堡有很多爆炸的痕跡，都是 1950 年代英軍撤離時破壞的。

隧道全以倫敦的著名街道及地標命名

# 28 魔鬼山炮台

## 重要軍事據點

Pau Toi Shan

魔鬼山軍事設施由山頂堡壘、位於山腰的歌賦炮台，以及位於山腳的砵甸乍炮台所組成，於 2009 年獲評為二級歷史建築。

魔鬼山軍事設施由山頂堡壘、位於山腰的歌賦炮台，以及位於山腳的砵甸乍炮台所組成。魔鬼山軍事設施於 2009 年獲評為二級歷史建築。

| 古蹟資訊 | |
|---|---|
| 名稱 | 魔鬼山 |
| 級別 | 二級歷史建築 |
| 區域 | 觀塘 |
| 地址 | 油塘衛奕信徑 3 段 |
| 前往方法 | 沿衛奕信徑到達歌賦炮台，亦可循小徑登上的碉堡，而砵甸乍炮台則可由鯉魚門馬背村循山徑前往。 |
| 開放時間 | 全日 |

### 古蹟背景

位於油塘的魔鬼山，原稱為雞婆山，以其外形而得名。至於「魔鬼」其實是指海盜，明清朝時此山不幸成為海盜的巢穴，不時劫掠商船，附近居民因而名其為魔鬼山。在二十世紀初，山上興建了數座炮台，所以又有「炮台山」之稱。

魔鬼山被英軍建設成炮台山，全因其地理優勢。魔鬼山位處鯉魚門北端，位扼進出廣州之重要海門，並可遠眺香港島筲箕灣一帶。若佔據此山 ，便能控制出入鯉魚門的船隻，所以歷來都是兵家必爭之地。1898 年英國租借了新界後，便選定在魔鬼山興建軍事防禦設施，並在 1902 年成為重要的軍事據點。

東海岸射擊指揮部——山頂堡壘。

歌賦炮台遺址

## 香港保衛戰——九龍

1941年日軍空襲香港，陸路更攻破了英軍在醉酒灣所設的防線，入侵新界直取大埔、沙田，迅速控制了城門水塘。在此期間，魔鬼山的炮台並沒有發揮到原有的作用，後來英軍撤走，日軍佔領此處炮轟香港島。

## 射擊指揮部的山頂堡壘

一直沿行山徑的階梯拾級而上，不時可發現旁邊有戰壕隱沒於草叢之中。而魔鬼山的山頂，海拔200多米之處，便是作為東海岸射擊指揮部之用的堡壘，建於1914年，其設計為防禦型棱堡，呈五角形，有多間地下室，可容納150名士兵。1936年，指揮部遷移至赤柱炮台。站於這裏居高臨下，九龍東、香港島及清水灣半島一覽無遺，除了景色優美，吸引不少行山者停留於此外，亦可見視野廣闊的魔鬼山具有一定的地理優勢。

在依山而建的堡壘裏走，彷彿置身於迷宮般，能從不同小道繞來繞去，然而石牆亦十分高，無法看見前後以外的路徑。每一面的外牆都有內闊外窄的槍孔，是供士兵射擊以作防守。與歌賦炮台一樣，這個山頂堡壘亦難逃被人為破壞的命運，牆上留有不少塗鴉及帶有政治立場的字句，炮台上亦有自製的健身槓架，垃圾到處可見。

## 歌賦炮台

香港有歌賦街、歌賦山道、歌賦嶺，還有……歌賦炮台。歌賦炮台於1902年建成，最初只有兩個6英寸的炮床，後來其中一個被改建為9.2英寸炮床，裝置有相同尺寸口徑的大炮。除了炮床，歌賦炮台亦建有地下火藥庫及戰壕，戰壕可通往山頂堡壘。1930年代，日軍威脅香港，英軍鑑於日軍最有可能由港島南區入侵，為了加強該區的防衛進行調防措施，歌賦炮台的大炮因而被移往赤柱的炮台。當年日軍侵襲時，歌賦炮台早已沒有大炮，只留有印度拉吉普特團（Rajput）第五營受命駐防。

歌賦炮台設施結構大致仍然完整，炮床、地下火藥庫有些殘缺，地面留有昔日扣連着砲架的鐵環，石牆亦留有不少彈孔，印證當日的戰火。

可惜，這個炮台不少地方放置了多尊神像，地下火藥庫留有不少垃圾，而牆上亦遭到激進人士破壞，留有一些發表自己政治立場的字句及塗鴉。眼看這個荒廢的軍事遺蹟逃過了戰火摧殘，卻逃不過人為破壞，實在無比惋惜。

## 砵甸乍炮台

砵甸乍炮台位於魔鬼山的山腰，在 1900 年倡議興建，後於 1902 年建成。砵甸乍炮台建有兩個 9.2 英寸炮台，炮位對着鯉魚門的水道，另外還有兩座探射燈、火藥庫及營房。跟歌賦炮台一樣，於 1939 年因軍事策略的調動，砵甸乍炮台兩個大炮分別被轉移至鶴咀的博夏勒炮台及赤柱炮台，所以當時日軍侵襲時，失去固定武裝的魔鬼山炮台可算沒有防衛能力，而駐守魔鬼山的印度拉吉普特營士兵曾以此炮台的石級撤離到海岸，乘船回到港島。

與歌賦炮台及山頂堡壘不同，砵甸乍砲台並無任何官方的指示牌及路徑，以往有市民曾清理雜草、自製小徑及指示牌通往砵甸乍砲台，而前往砵甸乍砲台的小路已經荒廢，雜草叢生，炮台連接海邊的石級則被草木覆蓋。亦因如此，砵甸乍炮台位置雖較隱蔽，難以前往，卻能免於人為破壞。現時砵甸乍炮台的炮床、探射燈座及部分營房至今仍然保存，只是草木茂盛，某部分亦被泥土掩蓋。

炮床

歌賦炮台遺址

# 29 摩星嶺戰事遺址

## 現存面積最大的軍事要塞

*Mo Sing Leng*

| 古蹟資訊 | |
|---|---|
| 名稱 | 摩星嶺戰時遺址與銀禧炮台 |
| 級別 | 二級歷史建築 |
| 區域 | 西區 |
| 地址 | 摩星嶺域多利道 180 號白屋芝加哥大學香港校園 |
| 前往方法 | 從堅尼地城步行沿域多利道，轉摩星嶺徑上山。或城巴 1 號至摩星嶺總站，旁邊就是摩星嶺徑入口。 |
| 開放時間 | 全日 |

與香港保衛戰有關的軍事設施有十多個，但在港島區現存面積最大的，或許就是摩星嶺的戰事遺址。其殘留並保存下來的軍事遺蹟佈滿山頂及山腰位置，是當年整條防線中重要的火力支援軍事要塞。就設施上而言，摩星嶺不只有摩星嶺炮台和銀禧炮台，還有一系列的營房、飯堂、校場、火藥庫及戰壕等建築，是名副其實的軍事要塞。

雖然摩星嶺炮台在二戰期間遭受到日軍猛烈轟炸，亦被守軍破壞，但至今亦留有不少當時的軍事設施。從摩星嶺徑一直沿路走，都能看到從前荒廢下來的建築。獅子亭旁邊會看到其中一個炮座和一所營房。繼續往上走，途中左面有西區區議會徑，能前往第二個炮台位置。沿路亦有多處軍事建築遺蹟，例如防空通道、機槍堡及通訊室等，而通訊室的通氣管道因當年日軍轟炸而變形。

到達香港賽馬會青年旅社附近，便為摩星嶺的山頂位置。左面有條混凝土斜坡，坡

港島區現存面積最大的戰事遺址，被列為二級歷史建築。

摩星嶺炮台

道上嵌有鋼環，以方便運送大炮；右面則是當年飯堂及兩個炮座的遺址。旁邊有石梯上山，能到達最後一個炮座及前身為軍營操場的大草坪，作操練和供閱兵之用。梯級中段有一所瞭望所。大草坪有各條向外伸延的小徑，能通往不同碉堡，以及主建築群——營房。

參觀完摩星嶺的軍事遺址後，可原路下山參觀已改建成芝加哥大學香港分部的銀禧炮台及白屋建築群，校方有提供導賞的服務開放予公眾參加。

## 古蹟背景

由地理位置說起，摩星嶺位於香港島最西端，毗連硫磺海峽，雖然只有海拔 260 米，但已足以飽覽香港島西邊的海景。倘若遇上能見度高的日子，還可以眺望到南丫島的「三支香」、長洲建築群及青馬大橋等設施，絕對是個欣賞夕陽西下的好地方。

關於摩星嶺名字的來源，未有明確的出處，有傳是取「摘斗摩霄」之意，亦有傳是因為鄰近的西高山有更高的「摩天嶺」，故較矮的山嶺則命名為「摩星嶺」。摩星嶺的英文 Mount Davis 就是為了紀念香港第二任總督戴維斯，取其英文部分音節命名。

英軍曾於該處先後興建摩星嶺要塞及銀禧炮台，用以守護維港以西的海域，同時也是炮彈射擊的指揮總部。全盛時期的摩星嶺軍事要塞曾經擁有五門大炮，多個火藥庫、營房、瞭望室以及情報站遍佈山腰及山頂，規模之大足見當年其對英軍於港島西部的戰略意義。二次世界大戰期間，英軍曾駐守此處對抗日軍，可惜日軍於 1941

炮台

營房

年曾轟炸此地帶，守軍在不久以後投降並破壞炮台所有軍事措施，以免落入日軍手中。

## 香港保衛戰——港島篇

摩星嶺扼守維多利亞港以西的航運要道，極具戰略價值，駐港英軍意識到這個地方的重要性，於 1909 年展開建築工程，建立港島西射擊指揮總部，配備了五座炮台，比一般炮台所配置的二至三座大炮為多。

1939 年，由於遠東地區的軸心國崛起，英軍又為了加強摩星嶺的防衛能力，再加建銀禧炮台，及在原炮台上增設高射炮。1941 年 12 月，日軍攻打香港，在香港島東北岸登岸，而防衛港島西部的摩星嶺炮台未能發揮顯著作用，只能向港島東北岸提供火力支援。經過日軍對摩星嶺進行連續 18 日的轟炸，不少碉堡遭到嚴重破壞，位於山頂的指揮總部亦被炸毀。12 月 25 日，守軍投降並破壞炮台殘餘的軍事措施。

## 古蹟的故事

### 摩星嶺的五門大炮

摩星嶺是昔日維城的心臟地帶，英軍在十九世紀就已展開建造的工程，1911 年完成共五枝 9.2 吋口徑大炮的裝置，所配備的 9.2 寸口徑 Mark X 岸防炮，普遍應用在主力艦和巡洋艦之上，射程可達約 27 公里，足以防衛硫磺海峽。與山下的銀禧炮台的大炮有所不同，摩星嶺炮台上的為遠程重型炮，較為笨重，用作防禦大型軍艦。

翌年軍事建築全面落成，整個山腰及山頂遍佈炮座、營房、飯堂、校場、火藥庫及戰壕等建築，規模十分龐大。這些營房包括有電話室、軍官辦公室、瞭望台等，外牆混雜了海沙與貝殼，髹成啡綠迷彩顏色，不易反光暴露位置。另外，由於香港氣候潮濕，存放物資的營房均設有間隔通道以阻擋濕氣，令房內保持涼快，防止物資受潮。後來英軍於 1936 年興建赤柱炮台，將摩星嶺其中兩座大炮移往赤柱。

火藥庫

## 銀禧炮台

摩星嶺後期加建的銀禧炮台，又名租庇利砲台，於 1939 年落成，至今已有 80 多年歷史。此處設有三個炮台，裝置有 6 寸口徑大炮，分別由卑路乍炮台及白沙灣炮台遷移過來，為輕型大炮，轉動和發炮的過程靈活，主要用作近岸防禦，射程約 13 公里，用作攻擊輕型巡洋艦、炮艇、驅逐艦，屬於近岸防禦。

銀禧炮台

銀禧炮台後有一列營房及四個地下室，分別為彈藥庫、發電房、指揮室及日軍用來

觀測所

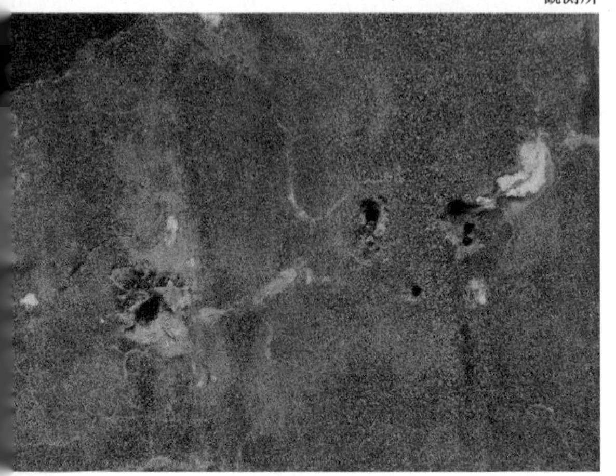

戰事留下的子彈孔

囚禁戰俘的囚室。摩星嶺失守後，英軍於撤離時將砲台破壞。直至 1956 年，英國取消香港所有海防項目，香港的銀禧炮台也從此開始撤軍、荒廢。

## 白屋

第二次世界大戰後，銀禧炮台的舊址有一部分改建為域多利道扣押中心，俗稱的「白屋」。還有一部分則於 2004 年 9 月 19 日由中西區民政事務處建成日落觀瀾亭。

域多利道扣押中心於 1950 年代初期落成（有指它在更早之前已存在，或建於戰前），共有四幢兩層高的建築物。原身為駐港英軍皇家工程兵會所，後來於 1950 年代末期，港英政府取其偏僻的地理優勢，接管作為皇家香港警務處政治部的拘留所。當時不少被懷疑企圖推翻港英政權的政治疑犯、從事間諜活動的人士，甚至左派分子，多被押送到此處進行私刑審訊。1995 年，政治部正式解散，域多利道扣押中心一直空置。2010 年，白屋被評為三級歷史建築。直至 2013 年，教育局宣布將白屋分配予芝加哥大學布斯商學院，白屋的部分建築會被活化作為該校的校舍。白屋 A 座的皇家陸軍工兵橋、石壁爐、木樓梯及校舍旁的銀禧炮台遺址獲得保留並復修；B 座囚室部分改建為自習室及課室；原來白屋的 C 樓大部分已經拆除，只有域多利道另一旁的 D 座原棟保留。

白屋

## 第七章參考資料及延伸閱讀

WatershedHK：〈香港保衛戰當年今日系列〉，輔仁媒體，2017

DIED AD 1845
THIS MONUMENT
WAS ERECTED BY
H.M.S. VESTAL
KUHLAN

# 第八章

# 死有葬身之地——香港墓葬

無論是華人還是洋人，活着時講究居所，死後就需要有葬身之地。華人社會一向忌談死亡，面對死亡有着諸多禁忌，相關的接觸被視為不吉利，或會帶來厄運。尤是墳場，除了春秋二祭會前往拜祭先人外，大家都甚少進入。對墳場的既定印象，再加上人煙罕至，更令墳場蒙上詭異陰森的色彩。

無論是中式古墓抑或西式墳場，除了可以幫助我們了解古人的生活，亦能教育大眾反思生死，是另類的文化景點。通過閱讀墓上碑文，認識長眠於此的名人，從而了解香港的歷史。墳場墓穴內的雕塑及建築，更可反映當年的藝術風格。

在香港，有不少墳場都擁有過百年歷史，中式的古墓更有千年以上的歷史，部分的墳場或墳場內的建築更被列為歷史建築。這次，阿蹟就帶大家參觀數個墳場，探索有關的歷史文化。

溫馨提示：在莊嚴肅穆的墓園內，我們須注意個人行為，切勿喧嘩吵鬧，以示對先人的尊重。

# 30 李鄭屋漢墓博物館

中式墳墓

Lee Cheng Uk Han Tomb Museum

| 古蹟資訊 | |
|---|---|
| 名稱 | 李鄭屋漢墓 |
| 級別 | 法定古蹟 |
| 區域 | 深水埗 |
| 地址 | 九龍深水埗東京街 41 號 |
| 前往方法 | 港鐵長沙灣站 A3 出口，沿東京街步行約 10 分鐘。 |
| 開放時間 | 星期一至三、五至日：上午 10 時至下午 6 時<br>聖誕前夕及農曆新年除夕：上午 10 時至下午 5 時<br>星期四（公眾假期除外）、農曆年初一及二：休息 |

李鄭屋漢墓博物館位於深水埗，於 1955 年興建李鄭屋村時被發現，現為香港歷史博物館分館之一。李鄭屋古墓於 1957 年向公眾開放，設有「李鄭屋漢墓」和「華南漢文化」兩個展覽，墓內的出土文物都陳列在漢墓旁的展覽館內。古墓於 1988 年 12 月被列為香港法定古蹟。

## 古蹟背景

位處長沙灣東京街的李鄭屋漢墓，是香港暫時被發現的唯一一座漢代墓葬。雖然名為李鄭屋漢墓，但這個命名僅是鄰近李屋村及鄭屋村的合稱，與古墓的歷史或墓主的姓氏並無關係。

要知道深水埗在歷史上曾經是沿海地區，而李鄭屋漢墓本來是面向西南方臨海邊緣的斜坡，只是經過多次填海，古墓離海邊由原本少於500米，演變成至今約2,000米，或許這正是滄海桑田。

## 古蹟的故事

### 李鄭屋漢墓如何被發現？

1953 年聖誕節當晚，石硤尾寮屋區發生大火，造成 58,000 人無家可歸。港英政府為了解決住屋問題，決定在李鄭屋村興建 H 型的徙置大廈以安置災民。1955 年 8 月 9 日，進行工程期間，工人無意中在山坡發現一個墓穴，才讓古墓公諸於世。當局立刻暫緩工程，由於當時香港並沒有專業的

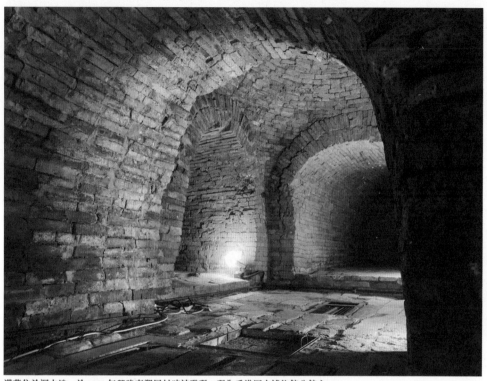

漢墓位於深水埗，於 1955 年興建李鄭屋村時被發現，現為香港歷史博物館分館之一

考古隊，亦沒有進行過大規模的考古勘察，只好讓工務局連同當時香港大學中文系主任林仰山教授及他的學生，一同進行研究發掘。

### 李鄭屋東漢古墓的結構與文物

李鄭屋古墓洞口呈圓拱形，佈局為十字形，長約 8 米，闊約 10 米。古墓一共有四個墓室，分別為前室、後室、右耳室及左耳室。墓室入口稱為羨道，惟當時在墓室正式出

墓葬四周加建了外殼

以磚塊砌成的古墓

土前已遭到破壞，無法對古墓的建成有更深入的了解。古墓地面為方形，前室居中，後室尾部設有一個小龕。後室和兩個耳室都屬於長方形圓券頂形制，中部為穹窿頂合券頂，是指用磚黏砌而築成券形的頂部，圍合四壁，以承托屋頂，增強結構的強度。

古墓共有 58 件文物出土，發現時多置於前室，部分現存放於漢墓旁的展覽館內。這些文物能反映當時社會經濟的發展，對我們了解漢代人民的生活起居及中國飲食文化有極大幫助。出土文物可分為陶器及銅器兩大類，陶器多是釉陶，表面有一層青黃色或黃褐色的釉，包括炊煮器、飲食器、貯器等共 27 件；屋、倉、井、灶等模型 7 件、殘件 2 件、陶器蓋 14 件，它們都只有十分簡單的裝飾，多在肩部或腹部刻有幾道弦線。銅器有碗、盆、鏡、鈴及其他器物殘片共 8 件，器物多以弦線和獸形紋裝飾，有部分刻有蓮瓣紋。

### 李鄭屋古墓為何會被認為是漢墓？

李鄭屋為漢代古墓的說法是出於學者根據古墓的砌磚、結構設計及出土文物進行的年代推論，相信李鄭屋東漢古墓建於東漢初期或中期。

最明顯的證據就是李鄭屋古墓所用的墓磚。墓磚約長 40 厘米，闊 20 厘米、高 5 厘米，大部分都沒有雕刻裝飾。部分磚塊的側面刻有 10 多種花紋、圖騰及文字，刻有「大吉番禺」和「番禺大治曆」及「薛師」的字樣。追溯歷史，香港於漢朝期間隸屬南海郡番禺縣管治，番禺為香港所屬的縣名。漢朝以後，香港被歸入東莞，再被撥歸於新安縣。故此，若使用「大吉番禺」等字眼，可推斷古墓屬不晚於漢朝的建築。

李鄭屋古墓的設計與東漢年間華南地區的墓葬構造相近，古墓都以磚室墓為主，而墓穴中的穹窿頂合券頂，是東漢流行的券頂設計。墓室形制為當時最常見的十字形結構，一共四個墓前室、後室、左耳室和右耳室四個墓室。

古墓共有 58 件文物出土，部分存放於漢墓旁的展覽館內。根據它們的種類、形制及花紋進行研究，便能發現其設計與華南地區東漢時期的墓所出的陪葬品基本相同。李鄭屋古墓內有不少以屋、倉、井、灶為造型及組合的陶制明器，亦是東漢年間古墓內常見的陪葬品。另外，文物上的花紋設計，包括蓮花紋及蓮瓣紋，也是東漢早期至中期流行的紋飾。種種痕迹都能大概推斷到李鄭屋古墓的建造年份為東漢初期，即約二千年前。

**誰是李鄭屋東漢古墓的主人？**

由於在李鄭屋古墓內未尋得任何棺木或骸骨，對於古墓的主人身份已經無從稽考，經過 60 年多的時間依舊是個謎。

有學者認為，因墓內只尋得陪葬品，所以古墓只是一個用來紀念先人的衣冠塚。另外，當時香港沿海產業豐富，西九龍一帶為鹽場，而在漢武帝執政期間，鹽必需收歸國家管理及經營，所以當時應在這區設置了官員，負責鹽場的一切事務。根據李鄭屋古墓的宏偉規模及陪葬品的種類，包括屋、倉、井、灶等為造形的陶器，都顯示封建地主階級及財富的象徵，古墓的主人不可能屬於一般平民，很可能是當時負責管理西九龍鹽場的鹽官，或是該區財雄勢大的鹽商。李鄭屋古墓的建立，是其後人為了紀念他的逝去而設置。亦有人認為古墓是屬於東漢末年時亡國來港避難的貴族。對於室主身份的種種說法，終究未能考証。

## 古蹟小知識

**如何保育一個 2,000 多年前的漢墓？**

李鄭屋古墓過去並沒有採取任何保護措施，初時古墓的外圍只是一個長滿草的小山坡，直到 1990 年代後期，市政局參考了香港大學林仰山教授等考古學家的建議，墓葬四周用鋼筋及混凝土加建了外殼，同時在墓內裝設空氣調節及抽濕裝置以控制濕度，保護漢墓免受風雨侵蝕。古墓於 1988 年 12 月被列為香港法定古蹟，正式受古物古蹟條例保護，永久保存。康樂及文化事務署的文物修復組亦會定期到古墓進行測檢工作，以確保古墓的狀況完好。

2005 年，為了紀念漢墓出土 50 週年，康樂及文化事務署由 1 月起開始進行一系列的復修工程，耗資達 100 萬港元。復修工程包括於墓室頂部加建一個以聚四氟乙烯物料製成的天幕，防止雨水滲漏，繼而在墓室的羨道門口安裝玻璃牆，減少人流進入，以穩定漢墓內的溫度和濕度，減緩墓室的損耗。

出土文物以炊煮器、飲食器、貯器為主

## 李鄭屋漢墓

# 31 香港墳場

「紅毛墳場」

Hong Kong Cemetery

香港開埠後的第一個墳場，原稱「基督教墳場」，1845 年正式啟用

## 古蹟背景

香港墳場是香港開埠以來第一個建設的墳場，位處跑馬地，於 1845 年正式啟用，至今已超過 170 年歷史。香港墳場原稱「基督教墳場」，初時只容許基督教徒下葬，後來易名「香港墳場」，容許其他宗教的教徒下葬。

香港建成這個西式墳場的原因，原來與鴉片戰爭有關。當時有不少遠赴到港參與鴉片戰爭的英軍，無法適應亞熱帶地區的炎熱潮濕天氣而患上熱症，再加上部分英軍居住在跑馬地，此地一帶蚊患嚴重，以致瘧疾猖獗。兩項因素導致在港英軍死亡率十分高，故當時港府必須盡快安排埋葬他們。鑑於跑馬地不適宜居住，於是便於該地開闢為墳場。

香港墳場並沒有任何古蹟評級，但 170 多年來有不少名人下葬在此處，令這地方成為一個「有故事的地方」。

| 古蹟資訊 | |
|---|---|
| 名稱 | 香港墳場 |
| 級別 | 聖堂被列為一級歷史建築 |
| 區域 | 跑馬地 |
| 地址 | 香港島跑馬地黃泥涌道 |
| 前往方法 | 各區巴士 |
| 開放時間 | 4 月 1 日至 9 月 30 日：上午 7 時至下午 7 時<br>10 月 1 日至 3 月 31 日：上午 7 時至下午 6 時 |

## 古蹟的故事

香港墳場有一個別稱——「紅毛墳場」，這外號與早期墳場安葬的人口有關。香港墳場初時主要安葬洋人，十八世紀的南方已有用「紅毛」二字稱呼西洋人的習慣，所以此墳場又俗稱「紅毛墳場」。

除了埋葬駐港英軍，香港墳場更葬有政府官員及傳教士，是東南亞最大的非軍人歐洲人墳場。隨着墳場逐步開放，當中的墓地還安葬了 165 名華人（1931 年起）、400 多名日本人和大約 100 名俄羅斯人。他們的墳墓正正印證了香港過去的歷史。

香港開埠後，有不少華人來港打工。他們一開始主要從事體力勞動的工作，後來因發生廣州紅兵之亂、鴉片戰爭等災禍，內地商人紛紛來港避亂，然後繼續留港經商。在港華人日益增多，再加上政府因衛生問題開始規管香港華人的殯葬方式，香港墳場便成為他們死後的其中一個葬身之處。

埋於土下的日本人極少為軍人，多為海員、商人、店員及娼妓女子。追溯昔日的歷史，於明治初年，日本撤銷了國民渡航海外禁令，繼而與西方國家頻繁交往。1902 年簽定《英日同盟》後，開始有日本人來港經商，其中部分是來港從事娼妓工作。這些妓女多出生於貧困地區，被人販賣出國賣淫，死後無法落葉歸根，只能安葬於此。墳場中的日本墳墓隱約反映早年日本人在港的活動及居港歷史。

另外，長眠於此的亦有俄羅斯人，相信是當時逃避俄羅斯共產政權而逃亡至香港的難民，從此獨在異鄉為異客，與世長辭後香港墳場便成了他們的歸宿。

## 建築特色

香港墳場為花園式墓園，環境古樸清幽，葱鬱的草木滿山遍野，設有聖堂和噴泉。墳場內伴有不少天使雕塑，逝者下葬於此，安穩長眠。香港墳場本身沒有任何評級，聖堂則被列為一級歷史建築。

聖堂結合了哥德和都鐸復興式設計，哥德式的建築以尖形拱門、肋狀拱頂和飛扶壁聞名；而都鐸式的建築風格就以雙面斜頂、交錯山型牆和方格玻璃為主要特徵。兩種建築風格交錯結合下，形成了聖堂高大的尖拱頂方格玻璃門窗和鋪有中式雙層瓦片的雙面斜頂的屋頂。從平面上而言，教堂為十字形的建築，除了中殿，還設有兩旁的耳堂。

香港墳場還有一座歐陸式的噴泉，設計上有伊甸園之意味，但早已被泥土填封，雜草叢生，無法再聽到流水潺潺的聲音。噴水池由四個圓形組成，中央的噴水雕像裝置，為一個小孩踏着海浪形的雕塑，捧着瓶向前傾，水便會由瓶口向外流。

聖堂

## 聖堂

聖堂與香港墳場同年建成，由古物古蹟辦事處的資料中顯示，此聖堂比 1849 年落成的聖約翰座堂更早四年出現。故此，香港墳場聖堂應是香港歷史最悠久的教堂，現時被列為一級歷史建築。墳場內的聖堂除了供教徒作日常禮拜之用，還有為下葬的教徒舉行葬禮儀式，只是後來香港墳場甚少再有新墓下葬，聖堂亦再沒有舉行葬禮儀式。

## 紀念碑 /「石筆」

香港墳場有三座從其他地方移來的紀念碑，都是為了紀念香港一些歷史事件而建成的。這些石碑用花崗石雕造，因外型似筆般上窄下寬而被稱為「石筆」。它們本分別置於香港不同地方，亦曾成為該地區的地標，後來因地區規劃被移至香港墳場。

### 「維新塔爾號」紀念碑
### Vestal Monument

紀念碑為 1847 年 3 月所立，主要紀念艦隻「維新塔爾號」上因戰死、病死或因意外喪生的將士。「維新塔爾號」在 1845 至 1847 年間曾在錫蘭、馬德拉斯及香港等地服役，亦參與過清剿海盜的戰役。此石碑由塔爾博特（Talbot）艦長、該艦的長官和其他成員所立，原本立於皇后大道東與禮頓道交界處，曾是跑馬地重要地標。

### 「投石號」紀念碑　Fronde Monument

「投石號」紀念碑 ，由香港的英裔民間組織捐建，於 1908 年豎立，以悼念法國海軍驅逐艦投石號（Fronde）上的 5 位法國人員。在 1906 年丙午風災時，他們因拯救平民而死亡，「投石號」亦在維多利亞港沉沒。此石碑原建立於九龍佐敦加士居道與佐敦道交界，1968 年因道路擴闊工程而被移至香港墳場。

### 「高欄島」紀念碑　Kuhlan Monument

石碑為紀念因清剿海盜而陣亡的 4 名英國及 5 名美國船員而立。香港開埠之初，海盜猖獗，為了清剿海盜，英國蒸氣帆船 Rattler 號與美國護衛艦 Powhatan 號於 1855 年採取聯合行動，於海盜佔據地——澳門西南方的高欄島進行對抗，事後兩船艦的成員立碑悼念。此石碑原位於禮頓道。

THIS MONUMENT
WAS ERECTED BY
CAPTAIN CHARLES TALBOT
THE OFFICERS AND CREW OF
H.M.S.VESTAL

「維新塔爾號」紀念碑 Vestal Monument

「投石號」紀念碑 Fronde Monument

KUHLAN

三座紀念碑齊立，最近的為「高欄島」紀念碑 Kuhlan Monument

戰爭紀念碑：「加爾各答號官兵紀念碑」

## 名人之墓

阿蹟介紹香港墳場內的名人之墓並不是希望大家前往參觀這些墳墓，而是作為昔日的香港名人，他們所做的事都是香港歷史的一部分，寫出來亦只是希望作紀錄之用。以下就挑選了數個具代表性的人物細述。

### 戰爭紀念碑：「加爾各答號官兵紀念碑」

這是香港墳場內體積最巨大的紀念碑。「加爾各答號」是第二次鴉片戰爭中參與過各場戰役的一艘旗艦，該艦載重 2,299 噸，於 1831 年在孟買的船塢興建，曾向虎門砲台發砲射擊，參與過華北的戰役。此紀念碑上方雕塑為倒置的大砲，象徵紀念的是為國捐軀和助人的士兵，紀念碑四壁刻有 50 個於第二次鴉片戰爭期間戰死或因病去世的兵士或軍官的名字。

### 早年傳教士何顯理之墓

何顯理是第一位來中國傳道的美國女傳教士。她於 1841 年香港開埠時，與丈夫叔未士（Rev. J. Lewis Shuck）及美國浸信會傳教士羅孝全牧師（Rev. I. J. Roberts）一同遷往香港傳道。何顯理女士於 1844 年更開辦膳宿學校，致力於宗教及兒童教育。何顯理女士於 1844 年 11 月 27 日分娩時去世，後下葬於此。兩廣浸信會後來在香港成立了紀念學校，1951 年將學校更名為顯理中學，以紀念何顯理女士推廣教育及基督教的功勞。

### 名門望族何東及其元配夫人麥秀英之墓

何東，香港首位華人富商，曾於怡和洋行工作，憑自身的眼光和累積的人脈發跡。他熱心公益，曾出任東華醫院主席，捐助

反清烈士楊衢雲之墓，刻有青天白日的圖案

過不少慈善及教育事業，如香港大學及九龍英童學校等，後受頒予英皇喬治五世爵士勳章及英女皇 KBE 爵士勳章。他對國家亦有着深厚之情，曾於日本侵華時捐出十萬大洋給中國購買戰機，亦於戊戌政變失敗後收留過康有為。何東於 1956 年 4 月 27 日去世，死後葬於香港墳場，與元配夫人麥秀英一起長眠。

## 反清烈士楊衢雲之墓

楊衢雲，晚清革命烈士，生於香港，曾在海軍船塢學習。他亦是香港第一個論政團體「輔仁文社」的創立人及會長、興中會的首任會長。他曾參與兩次武裝起義，後於結志街 52 號被清政府的刺客所暗殺。楊衢雲的遺體得好友何啟、謝纘泰等的幫助才能安葬於香港墳場，其墓碑是香港親友捐資所建。由於怕受到清廷騷擾，其墓所立的為無字碑，旁邊設有石牌講述楊衢雲先生的事跡。楊衢雲的墓碑以天圓地方概念設計，刻有青天白日的圖案。

# 香港墳場

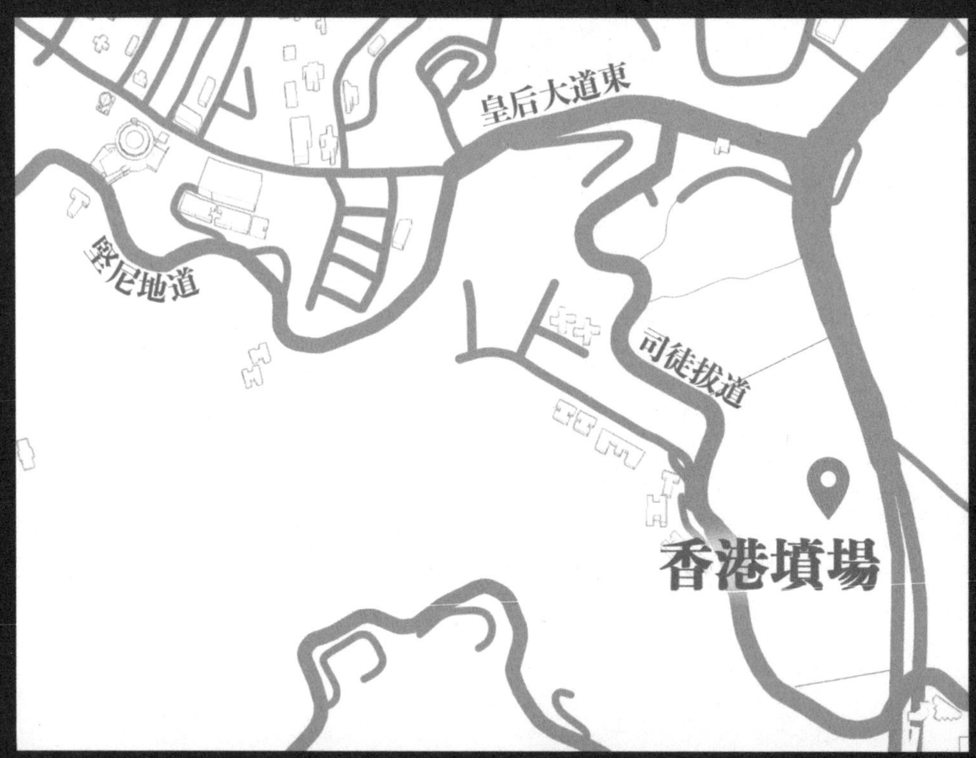

# 32 天主教聖彌額爾墳場

香港首個天主教墳場

St. Michael Catholic Cemetery

香港首個天主教墳場，現址有 171 年歷史，聖彌額爾門樓以及小堂被列為二級歷史建築

| 古蹟資訊 | |
|---|---|
| 名稱 | 天主教聖彌額爾墳場 |
| 級別 | 門樓和小堂被列為二級歷史建築 |
| 區域 | 跑馬地 |
| 地址 | 香港島跑馬地黃泥涌道 |
| 前往方法 | 各區巴士 |
| 開放時間 | 夏季：上午 8 時至下午 7 時<br>冬季：上午 8 時至下午 6 時 |

## 古蹟背景

墳場名字內的「聖彌額爾」是指大天使長聖彌額爾，有「誰像天主」的意思。《聖經》記載了大天使長聖彌額爾與化身成魔龍的撒旦的戰爭，於七日的對抗後，聖彌額爾將魔龍打敗，故這位天使經常以屠龍的形象出現。大天使長聖彌額爾亦是天主指定的伊甸園守護者，墓園以聖彌額爾命名，也最適合不過。

墳場有 171 年歷史，與鄰近的香港墳場一樣，天主教聖彌額爾墳場整體並沒有任何歷史建築評級，只有當中的聖彌額爾門樓及聖彌額爾小堂被列為二級歷史建築。

墳場起初並非位於跑馬地，而是在灣仔的聖佛蘭士街，早在 1842 年港英政府就以象徵式的 1 元租金租出地皮，後來因為要發展昔日的下環，墳場就遷移到跑馬地現址。1848 年，港英政府撥出跑馬地部分土地給天主教會建立墳場，內有 23,000 個墳墓，供教友、慕道者及神職人員長眠於此。墳場內的墓地於 1990 年代已被葬滿。

## 聖彌額爾門樓

聖彌額爾門樓與墳場同年建成，原先位於現時大門位置，在2009年被列為二級古蹟。門樓頂端有一座聖彌額爾的雕像，它身穿戰士裝束，手持長矛刺殺惡龍。

門樓旁的石刻對聯則最為人熟悉：「今夕吾軀歸故土，他朝君體也相同」表達了天主教對生死的看法。有指此對聯於 1900 年代初刻成，一名神父為了悼念火燒馬棚的罹難者而撰寫了此聯。1918 年 2 月 26 日，跑馬地馬場的看臺棚架突然倒塌，不少人被壓死壓傷，而塌下的棚架打翻不少觀眾席下的熟食檔，因而發生大火，超過 600 人喪生，成為香港史上最嚴重的火災。另有一個說法，認為這對聯是由拉丁文詩句「Quod nunc es fueram, famosus in orbe, viator, et quod nunc ego sum, tuque futurus eris.」所譯成，意指世人都無法避過死亡，提醒眾人都要懂得面對，珍惜生命。

到了 1970 年代，因須進行道路工程，興建連接香港仔隧道的行車天橋，政府徵用了墳場部分土地，「聖彌額爾門樓」因此移至墳場中央位置。

聖彌額爾門樓

## 聖彌額爾小堂

聖彌額爾小堂始建於 1868 年，位於墳場西面，為悼念於 1867 年去世的宗座監物盎蒙席（Fr. Luihi Ambrosi）而建成，樓高一層的簡約建築，主要供教徒用作舉行安息禮等教會禮儀。聖彌額爾小堂後於 1916 年改建成現貌，2009 年被評為二級歷史建築。

聖彌額爾小堂的外牆以綠色及白色為主。改建前，小堂的設計為十字形和圓形重疊，圓筒頂上置有十字架。後來小堂改建成意大利文藝復興建築風格，圓筒頂改成雙坡圓拱頂設計，最高處加上頂塔，之上再置有十字架。

入口門廊兩旁以多利克柱承托三角楣飾，上面刻有「PAX」的拉丁文字，意指「平安」。地下室本安置着他們的骨殖，後來因地下室已被置滿，所有他們的骨殖都被搬置在聖彌額爾小堂後的骨殖壁內。

聖彌額爾小堂四面設有鑲以彩色玻璃的半

圓形窗，內牆石板牆壁刻有早期安葬於墳場內的神職人員名字。石祭台設計與梵蒂岡第二次大公會議之前的舊設計一樣，緊靠着牆壁，刻了「聖母哀子像」的浮雕。祭台上方還寫有一句拉丁文，意思為「基督在此安息」，兩旁則有拱形長窗。

## 名人之墓

天主教聖彌額爾墳場內有眾多信奉天主教的城中名人下葬於此，例如香港首位樞機胡振中、著名女演員林黛、穆若瑟神父等等。

這些墓碑除了紀錄他們的生死外，亦見証了香港一段段的歷史。可惜此墳場常年遭到滋擾、蓄意破壞，不但令墳場內不少藝術及宗教雕塑被毀壞，亦令逝者無法好好安穩長眠。2010 年 2 月 19 日，此墳場經歷香港最大宗墓地破壞案，共有 37 個墓碑及 130 個墓前花瓶遭受到破壞，惟犯案者至今還未捉拿歸案。同年 5 月 24 日，一名老婦於墳場辦事處外張貼海報及大聲胡言亂語，肆意滋擾及大鬧墳場。2016 年 8 月 30 日晚上，墳場辦事處亦遭爆竊，抽屜及捐款箱被人撬毀。雖墓碑沒有被列為任何歷史建築等級，但基於對先人的尊重，及其所顯示的歷史意義，墓碑都應被謹慎地保護。

聖彌額爾小堂

# 天主教聖彌額爾墳場

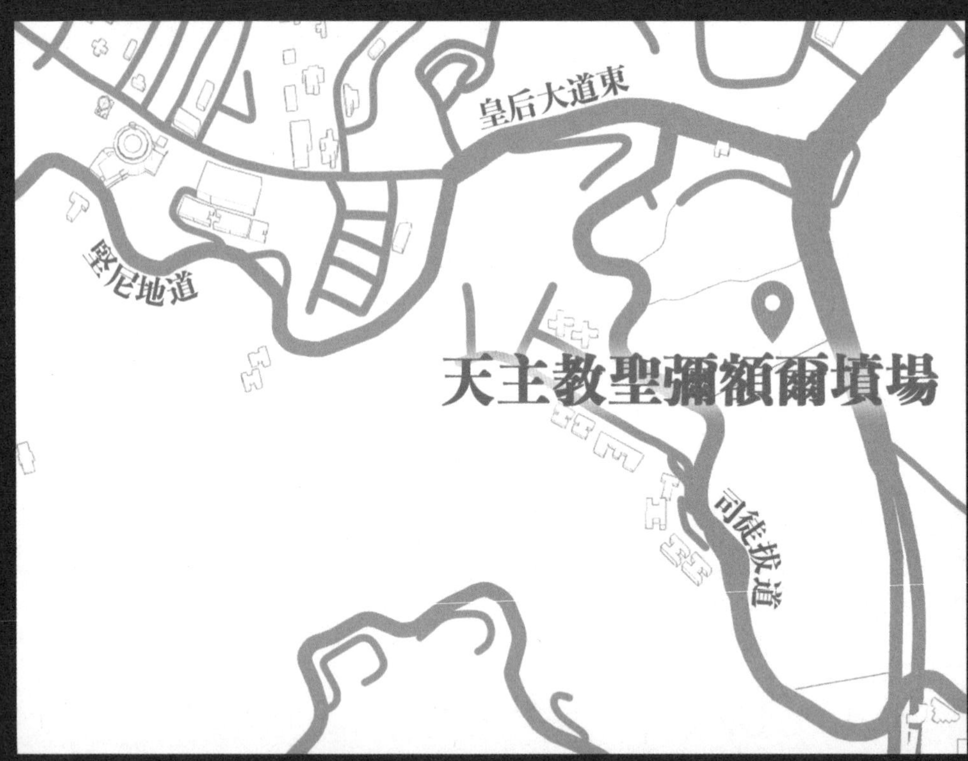

# 33 赤柱軍人墳場

英雄沉睡之處

Stanley Military Cemetery

| 古蹟資訊 | |
|---|---|
| 名稱 | 赤柱軍人墳場 |
| 級別 | 三級歷史建築物 |
| 區域 | 赤柱 |
| 地址 | 赤柱黃麻角道 |
| 前往方法 | 乘 6A、14、65、399、973 等巴士至總站，沿黃麻角路向聖士提反海灘方向走 15 至 20 分鐘便可到達。 |
| 開放時間 | 每天上午 8 時至下午 5 時 |

來到墳場導賞的最後一個建築，有別於香港墳場和天主教聖彌額爾墳場，位於赤柱黃麻角道、鄰近聖士提反書院的赤柱軍人墳場於 2010 年整體被列為三級歷史建築物。

## 古蹟背景

赤柱軍人墳場，又稱赤柱國殤紀念墳場，同樣是香港開埠初期設立的墳場，這裏安葬的並不是天主教徒又或是基督教徒，而是用作安葬駐港英軍及其家屬。墳場於 1866 年關閉，長達 70 多年沒有新的上葬者和墳墓。

1840 年代，赤柱為香港人口最多的地方，亦是英國其中一個行政區以及聚居地。無法適應亞熱帶氣候的軍人和他們的家眷，多死於瘧疾、中暑，只好在鄰近地區安葬，亦是赤柱軍人墳場出現的原因。

赤柱軍人墳場直至 1942 年重開，以安葬於香港保衛戰期間力抗日軍的英軍、義勇軍、戰俘和平民。現在赤柱軍人墳場由英聯邦

**位於赤柱黃麻角道，於 2010 年整體被列為三級歷史建築物**

赤柱軍人墳場紀念碑

戰爭公墓管理委員會負責保養691名死難者的墳墓，當中包括有467名陸軍、37名海軍、3名空軍、23名商船隊隊員、39名英軍服務團團員、100名平民，及22名身分不明的死難者，他們的國籍包括有英國、加拿大、印度及香港。雖然他們的身份可能是殖民者，或許是出於其他目的在此地戰死，但客觀上都曾經為守衛這片土地而作出犧牲，赤柱軍人墳場名副其實是英雄沉睡的地方。

## 屠殺

赤柱是香港保衛戰中最後一個淪陷的地方，墳場鄰近的聖士提反書院在香港保衛戰期間就已被徵用為英軍醫院。1941年香港淪陷之時，加拿大皇家來福槍兵團D連就曾在墳場和書院的交界與日軍交戰。戰敗後，日軍闖入書院，把院內56名臥床的傷兵，還有2名醫生、7名護士及一些教職員屠殺，後來這批死難者都被安葬在赤柱軍人墳場。

## 各式墓碑、團徽

墳場是逝者安息之處，而在第二次世界大戰的日佔時期，赤柱軍人墳場就被用作集中營的用途。在赤柱集中營約有3,000名不同國籍的人被關押，有人因營養不良而死，亦有人被折磨至死，這就是殘酷的集中營。時至今日，不少當年的生還者及家庭前往，了解當年香港英軍保衛香港的歷史，以及悼念於戰爭中殉難的英雄烈士。

赤柱軍人墳場內安葬的軍人所立的墓碑都有約定俗成的標準：墓碑都是一貫的素色長形碑，碑頂為弧形，設計不會因逝者的軍階而有所不同。墓碑上面刻有逝者的名字、生卒年月、所屬軍團及軍階。

加拿大楓葉團徽

碑文上的團徽並非隨意刻上，而是暗藏逝者的國籍，最明顯的有以楓葉為記的加拿大兵團，以印度文寫成碑文的印度兵團，以及以六角大衛星為團徽的猶太兵團。

除了軍人，赤柱軍人墳場還安葬了平民。他們生前多數被關在日軍所設的集中營，最後因生病或營養不良而死。他們的墓碑多以集中營內的石頭或碎石刻成，甚至有墓碑以界石製成。

## 沉睡英雄——英軍服務團、皇家香港軍團

當年以血肉之軀奮勇守護香港的軍人，生前受盡戰火苦難，歿後終可於這片環境幽靜的淨土之下安息。其中於香港保衛戰殉職或去逝的兩支軍團成員——英軍服務團及皇家香港軍團，亦埋葬於此墳場。

英軍服務團（British Army Aid Group）於 1942 年 5 月在廣東省曲江成立，是一支英軍情報部隊，主要任務是協助營救逃亡中國內地的英國人，以及向駐重慶的英國大使館匯報情報。在香港保衛戰期間，英軍服務團曾參與營救被日軍關押於集中營內的盟軍戰俘，為戰俘營供應藥物，收集軍事情報，進行策反等行動。後來香港重光，英軍服務團於 1945 年 12 月 31 日名義上納入英國駐港的香港防衛軍，架構正式解散。部分陣亡的軍職人員被埋葬於此墳場及鑽石山墳場。

皇家香港軍團（Royal Hong Kong Regiment）於 1854 年成立，是一支基本由香港市民志願組成的部隊，多由英國人及居港的外國人組成，後期有不少本地華人加入，主要協助駐港英軍保衛香港。皇家香港軍團隸屬於香港政府，行動由駐港英軍指揮。第二次世界大戰期間，皇家香港軍團出動 2,200 名各級團員參戰，共 289 名團員殉職或失蹤，部分團員葬於此墳場。皇家香港軍團亦曾執行六七暴動時的內部保安行動。此軍團於 1995 年正式解散。

## 十字碑、紀念碑

赤柱軍人墳場內共有三座石碑，包括有正門上方的十字架碑及兩座紀念石碑。

赤柱軍人墳場是由英國的「英聯邦戰爭墳場委員會」（Commonwealth War Graves Commission）負責管理，而此委員會轄下的墳場都有一定的標準。大型墳場一般會

六角大衛星團徽（赤柱軍人墳場內一景）

# 赤柱軍人墳場

黃麻角道

赤柱軍人墳場

聖士提反書院附屬小學

6A

14

各式墓碑、團徽

設有十字架碑及紀念石碑，赤柱軍人墳場的十字架碑設於墳場的正門，正面鑲有一把銅劍，豎立在一個八角形的石座上。石座正面亦鏤上有關香港英軍保衛香港的鋼板碑文。

紀念石碑則後來於 2006 年豎立，設於墳場東面。此紀念碑分成四座呈交叉型分佈，銘刻了於第一次世界大戰中 940 名及於第二次世界大戰中約 1,500 名逝去的中國軍人，包括在此墳場葬下 691 名戰爭死難者；另外一座立於中央位置，刻有《聖經》經文「THEIR NAME LIVETH FOR EVERMORE」，並置有小鐵櫃，刻着十字架及「Cemetory and Memorial Registers」字樣。

另外墳場西面斜坡右方有另一座紀念碑，形狀有點像一個船錨，為英僑聖喬治·聖帕特里克·聖安德魯及聖大衛協會以悼念於 1941-1945 年期間為香港捐軀的戰士所立。左面弧形石牆刻有「1941:1945」數字，中間的石碑則鑲有碑文。

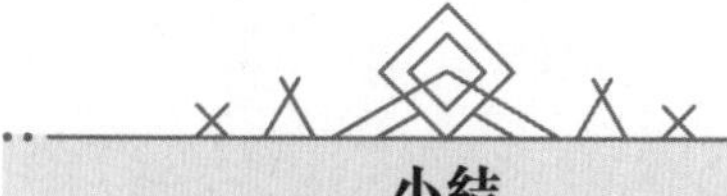

## 小結

墳場內的墓碑背後不少都有着令人傷感的故事，阿蹟未能詳盡細述，但前人所作出的努力歷史自有公論，在此只需心懷感激，若有機會再為大家講述當中可歌可泣的故事。

### 第八章參考資料及延伸閱讀

丁新豹：《跑馬地墳場初探》（香港：香港當代文化中心，2018）。

香港史學會：《文物古蹟中的香港史 I》（香港：中華書局，2014）。

蕭國健：《香港古代史（修訂版）》（香港：中華書局，2006）。

百年好合
鴛鴦福祿成佳偶
龍鳳呈祥結良緣

第九章

# 安居樂業——香港傳統村落

在香港要安居樂業絕非一件容易之事，先民最先要面對自然環境的威脅、政局的動蕩、治安的不穩，一連串不安的因素啟發了他們的智慧，在數百年前構建了數個香港的傳統村落。這些古老的聚落，大致可以分為傳統村落、客家圍村和本地圍村三種，具體例子就有現存的薄扶林村、曾大屋及錦田六圍。

時移世易，不少的傳統村落都因為城市發展而發生了不少改變，儘管村落之中同一姓氏的氏族已經為數不多，但入內參觀仍不禁令人慨嘆先民的智慧。

## 薄扶林村與牛奶公司位置圖

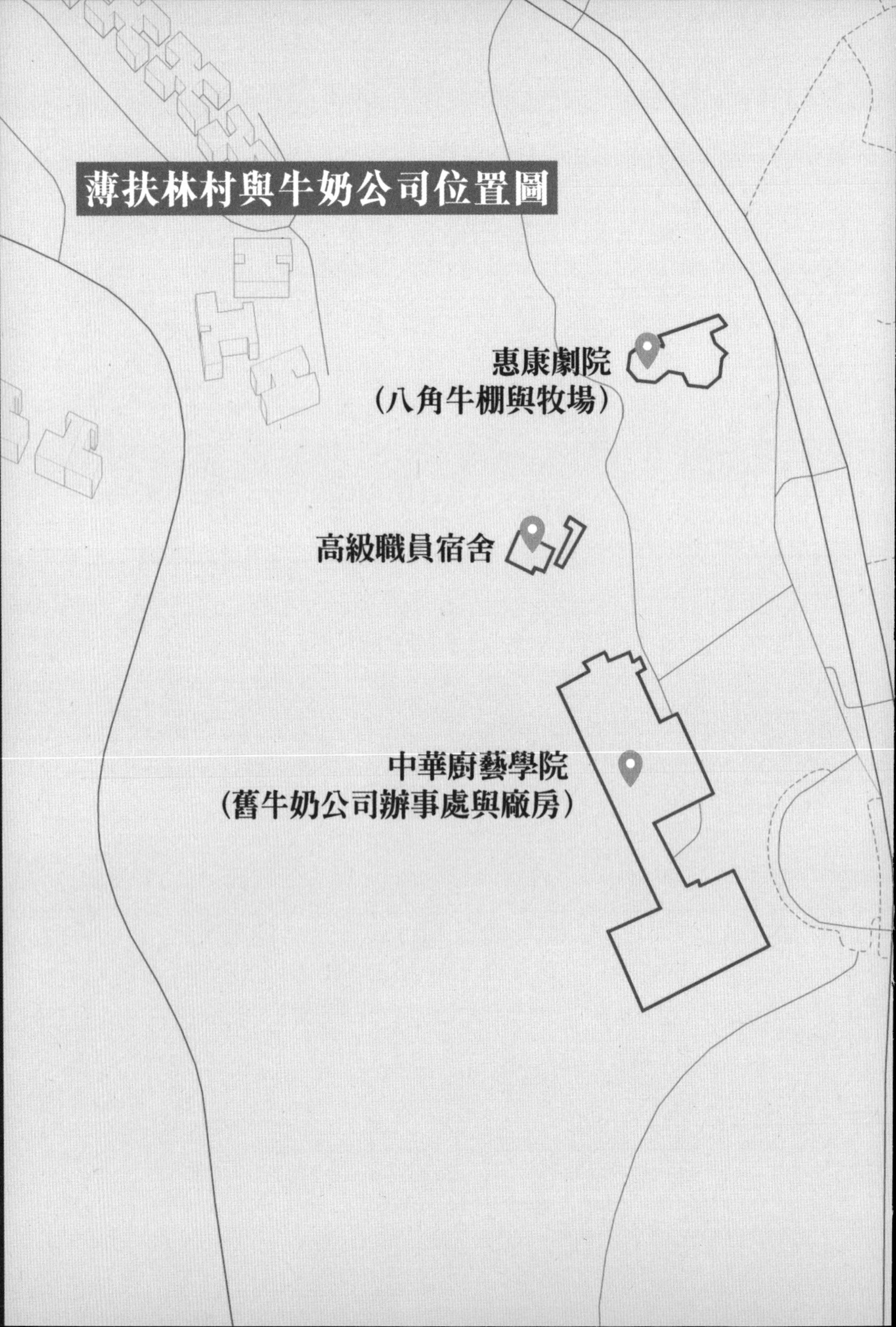

惠康劇院
（八角牛棚與牧場）

高級職員宿舍

中華廚藝學院
（舊牛奶公司辦事處與廠房）

草廬
舊牛奶公司員工宿舍A座及B座
牛屎湖
李靈仙姐塔
人工沙坑
牛奶公司牛棚

# 34 薄扶林村

## 港島傳統村落

Pokfulam Village

位於香港島的薄扶林，為香港島唯一一條具 200 年以上歷史的傳統村落

關於薄扶林村的歷史，坊間就流傳着一句「未有香港，便先有薄扶林村」，但到底薄扶林村的歷史有多悠久？為何未有香港就先有薄扶林村？阿蹟接下來就為大家一一拆解。

### 古蹟背景

薄扶林村，位於香港島的薄扶林，為香港島唯一一條具 200 年以上歷史的傳統村落。2013 年 10 月 9 日，香港薄扶林村被列入世界文物建築基金會公布的 2014 年監察名單，村內的舞火龍在 2017 年獲列入《香港非物質文化遺產清單》。無論是物質文化，還是非物質文化遺產，薄扶林村都有其價值。

要知道香港開埠的年份為 1841 年，以往香港在 1730 年陳倫炯《沿海全圖》被稱為「紅香爐」，在英國 1767 年海圖用「Fan Chin Chow（范春州）」標示，至於香港真正得名，或許就要數到 1850 年代的傳説——阿群帶路。至於薄扶林村，早在嘉慶二十四年間（1819 年）編纂的《新安縣志》，薄扶林村就以薄鳧林的名字出現，薄鳧為一種野鴨，故「薄鳧林」可理解成野鴨棲息之地。由此可見，「未有香港，便先有薄扶林村」的説法是成立的。

關於薄扶林村早期的人口，有説是因清朝康熙年間三藩之亂而逃難來到香港，當中就有一部分客家人來到香港島，以陳姓、黃姓、羅姓及甘姓為主，以務農為生，共同建構了這個雜姓的村落。第二次的人口增長，就是二次世界大戰時，大量的中國難民向南避難，輾轉之下來到薄扶林村，村內原本不足 20 戶的人口轉眼間增至 100 戶，現時的薄扶林村大概有 400 餘戶共三千多人。

薄扶林村表面看來雜亂無章，其實主要分成三個部分：村尾「龍仔督」、南部「菜園」及中部「圍仔」。村內大部分建築受到寮屋條例規定，只能以固定物料興建，即使後來重建，也只能用鐵皮，亦因如此形成薄扶林村獨特的風貌。從整體佈局來看，除了居住用的鐵皮建築，原來亦不乏歷史建築，如李靈仙姐塔（1916 年）、香港牛奶公司（1885 年）、伯大尼教堂（1875 年）、香港大學堂（1894 年）等。伯大尼教堂現為校園，大學堂則是學生宿舍，阿蹟尚未有機會入內參觀，惟有留待日後再為大家介紹。

有形的遺產得以保留，而無形的文化遺產繼續傳承。村內仍保留的中秋舞火龍、李靈仙姐誕等地方習俗，正是這座香港傳統村落與眾不同的地方。

## 李靈仙姐塔

李靈仙姐塔建於 1916 年，原本位於薄扶林村的前方，但經過百年間的民居加建，靈塔便被圍繞於寮屋之間，現時的李靈仙姐塔位於車房旁邊。

塔高約 5 米，根據石匾上寫的「民國丙辰冬，聯慶堂上」，估計塔建於 1916 年，至今亦有百年歷史。塔分為兩層，全身主要由紅磚砌成，在地下的一層有一個矮小的入口可供一人進入，六角形的塔身上的六個塔面均有密封的圓拱形窗戶，靈塔內裏則供有「李靈仙姐神位」。另外，若依照《南區風物誌》的記載，靈塔的兩旁本立有石獸一雙，但其中一隻早已被水泥覆蓋，難以修復，故若大家到訪，就只能看到一頭曾經被移動過的石獸。靈塔的入口處本來有一副對聯，左聯為「靈恩浩蕩物阜民安」，右聯為「李德巍峩地靈人傑」，現時就被一套紙質對聯「天增歲月人增壽，春滿乾坤福滿門」所覆蓋，未見原貌。

## 古蹟的故事

北帝、天后或者洪聖的故事大家或許已經耳熟能詳，但李靈仙姐到底是何許人，因何會出現在薄扶林村？有關這個薄扶林村的信仰，就有兩個說法：

第一個版本就比較為人熟悉。薄扶林村內早年發生鬧鬼事件，當時不少村民夜裏都聽到屋外傳來怪異的鬼哭狼嚎，更有村民看見可怕兇惡的鬼魂在村裏遊走，村內人心惶惶，不敢於晚上外出。另一方面，當時不少村民都遇上倒霉事，意外連連，彷彿一片陰霾籠罩着整條村落。後來，一名男村民聲稱夢到一位自稱「李靈仙姐」的少女，她告訴男村民有一群惡鬼進駐村內，對村民不利，她答應為村民驅逐那些鬼魂。那位男村民醒後最初小半信半疑，只向其他村民分享這個奇怪的夢。後來，村內竟沒有再發生鬧鬼事件，村民紛紛認為是那位李靈仙姐為他們驅魔，於是集資建造了一座靈塔在村前以示道謝，亦祈求祂繼續保佑村民平安。建靈塔之前，傳聞「李靈仙姐」曾附靈於一名男村民身上，向其他村民清楚説明靈塔必須根據祂指定的高度、闊度、方位等要求而建，而靈塔建成後亦不能作出任何座向的改動，這樣才能對村民有利。不過靈塔建成後方位竟與「李靈仙姐」要求的有所偏差，正門沒有對準村前的坑口。據聞因此薄扶林村的風水便受到影響，造成「發外不發內」的效果，居住在村外或後來搬進來的人比起原居民更受賜福。

第二個説法則比較簡略。相傳以往薄扶林村有病痛者都會以祈福問米方式去治病，當時有道士找了一名叫李靈的女子幫忙作法及「上身」儀式，為村子祈福、替村民化解病痛。後來村民為紀念李靈的幫助，便籌建李靈仙姐塔作為紀念，並且在往後每年的農曆四月十五日，村民都會做大戲，設壇拜祭及舞火龍拜訪此塔，是為李靈仙姐誕及薄扶林村舞火龍的起源。

**古蹟資訊**

| | |
|---|---|
| 名稱 | 李靈仙姐塔 |
| 級別 | 等待評級 |
| 區域 | 薄扶林 |
| 地址 | 薄扶林薄扶林道 140 號 |
| 前往方法 | 從堅尼地城港鐵站出發，轉乘 23 號小巴，於新華茶樓下車 |
| 開放時間 | 全日 |

李靈仙姐塔

舊牛奶公司辦事處與廠房

| 古蹟資訊 | |
|---|---|
| 名稱 | 牛奶公司建築群遺址 |
| 級別 | 個別設施分別被列為一級、二級以及三級歷史建築 |
| 區域 | 薄扶林 |
| 地址 | 薄扶林村及置富山谷 |
| 前往方法 | 從堅尼地城港鐵站出發，轉乘 23 號小巴，於新華茶樓下車 |
| 開放時間 | 全日 |

## 薄扶林村與牛奶公司建築群

假如大家到訪新界一帶郊遊，必定會看過不少野牛，這些野化牛群的先祖以往多是輔助農夫耕作。養牛並不是新界人的專利，從前的薄扶林村曾經有一個大型牧場，只是當中飼養的不是黃牛，而是專門生產新鮮牛奶的乳牛。這個牧場其實就是由牛奶公司所創立，連同附近一帶 66 項不同類型的建築佔地面積達 34,000 平方米，範圍包括現在的數碼港、伯大尼、聖心書院、華富邨等地方，構建成戰前亞洲最大型的牧場建築群。

員工宿舍 A 座及 B 座

## 古蹟背景

來自蘇格蘭的白文遜醫生，為牛奶公司的創辦人之一，亦是諾貝爾醫學獎得主，並且是國父孫中山先生的老師，在香港亦有參與創辦香港華人西醫書院（香港大學醫學院前身）。在機緣巧合的一次機會中，他替病人診病時，發覺大部分香港人都喝不到新鮮牛奶，亦對牛奶甚少認識，不知其營養豐富。於是他便聯同五名香港商人，包括遮打爵士及明德醫院創辦人 Granville Sharp 在 1886 年創辦牛奶公司。他們仔細於港九新界考察選址，發現薄扶林後山的置富山谷不僅具備畜牧業所需的可靠水源，其背山面海的地理環境十分適合種植牧草。他們最終決定以當時的 3 萬港元購入地皮，並在該處興建牧場。牧場最初的 80 隻乳牛是從蘇格蘭引入，每天在本地生產安全、新鮮牛奶。全盛時期 1930 年代的牧場，曾經飼養過 1,500 隻乳牛，帶動了薄扶林村的工農業發展。一般的生產工作如牧養乳牛、擠奶以至製冰等工業，養活了村落的居民。

薄扶林牛奶牧場的業務在 1970 年代開始衰退，再加上受到香港置地作出的收購戰，1972 年 11 月 29 日牛奶公司終被收購。1983 年牧場正式關閉後，相關的建築如員工宿舍、牛棚、草廬等設施就被閒置至今。

草廬

八角牛棚，今伯大尼古蹟校園中的惠康劇院

八角牛棚內部

薄扶林村舊牛奶公司遺址共有66個由古物諮詢委員會評級的項目，分別在2009年、2017年及2018年三階段完成。當中，最早獲得評級的就有一級歷史建築——舊牛奶公司高級職員宿舍，以及被評為二級歷史建築的牛棚及辦公室主樓。至於其餘63項中，飼料倉庫、入口處石柱及4個糞池一共6項牛棚設施被評為二級歷史建築；27項的設施如已損毀的牛棚、水缸和牧場圍牆等就被列為三級歷史建築；至於牛棚的溪流橫道、擋土牆等獨特建築就不獲評級。薄扶林村舊牛奶公司遺址的各類建築分佈整個山頭，大部分超過80年歷史，不少遺址都受到一定程度的損毀，光是看一部分的建築，或許已經不能聯想起其最初的用途，加之零散的項目評級，亦對保育的方法有所限制。

舊牛奶公司牧場的遺址大部分都已經興建了新式的建築物，要重現當年牧場風光就不大可能，但若以廢墟的方式了解，就由阿蹟帶大家一一細看。根據古咨會的文件和阿蹟的考察，牛奶公司牧場遺址現時大概可以分成兩大部分：置富花園、薄扶林村後山，以及薄扶林職業訓練局附近的山頭。

## 高級職員宿舍：「薄鳧林牧場」

舊牛奶公司高級職員宿舍位處薄扶林村對面薄扶林道141號，建於1887年，現為一級歷史建築，屬第四批「活化歷史建築伙伴計劃」。宿舍的大樓為當年牧場經理的居所，樓高兩層，以花崗岩作為牆基，牆身由磚堆砌。正門設有古典柱式和拱楣，室內設有壁爐、木窗及木樓梯，極具古典風格，與摩星嶺白屋類近。

在活化歷史建築伙伴計劃下，交由香港明愛和薄扶林村文化環境保育小組合作，以最少干預的原則進行修復。高級職員宿舍由主樓、傭工宿舍和車庫組成三部分組成，主樓會改建成「活着的博物館」，展示牛奶公司輝煌的過去；車庫就會成為接待中心和簡報區；鄰近會增建一座樓房，用作舉辦烘焙和乳製品工作坊。

## 辦事處與廠房

舊牛奶公司的牧場就分佈在置富山谷和薄扶林後山一帶，至於用來生產和製作奶類產品的廠房遺址，大部分搖身一變成「中華廚藝學院」。牛奶公司原來的辦事處，亦成為演藝學院教室。

## 員工宿舍 A 座及 B 座

當年由於需要大量人手營運牧場，牛奶公司便興建 A、B 兩幢員工宿舍，各七層及八層高，由本地知名的現代建築師周耀年及李禮之設計。兩幢員工宿舍合共提供百多個單位給員工及其家人居住，每個單位百多呎，廚房廁所為共用。四樓則用作活動空間，有康樂棋及乒乓波玩，而宿舍附近亦建有遊樂場。對於那個年代來説，宿舍的居住環境可算是非常不錯。兩幢員工宿舍的結構依然完好，不過早已荒廢多時，外牆圍着綠色網，聽聞當局有意改建為住宅。

## 草廬

薄扶林村後山、員工宿舍的正對面、茂密的林木之間，隱藏着牧場以前遺留下來的「草廬」，亦叫作洋草塔。原來草廬是昔日薄扶林牧場用作存放飼料的貯窖。當時，由於用來餵養乳牛的主要糧草——象草（洋草）在冬天生長較為緩慢，為了秋冬時節亦能穩定為乳牛提供所需糧食，牧場便建造了多個草廬，作儲存象草之用。據説以前山頭有三至四個養牛的地點，每個養牛點都有一座草廬，故此舊時村民也會把後山坡喚作「洋草山」。然而至今完整保存下來的只有一個。

草廬以碎石沿山坡建造，屋頂呈圓錐狀，分為上下兩部分。上部分為一層高，設有打開貯窖的門戶，當時工人會把象草從這個門裝進貯窖，儲存的草會逐層放上鹽，以抽乾水分，以便存放。塔下部分則為三層高，需要餵飼牛隻時，便會從塔底的小石隙抽取糧草。

## 八角牛棚與牧場

牛奶公司前薄扶林牧場的其中一個牛棚，現為演藝學院伯大尼古蹟校園中的惠康劇院，當中本來有珍貴 2 米高由磚塊築成的百年古牆，建於 1880 年代，現僅存水泥圍欄杆柱，被列為三級歷史建築。

## 牧場圍牆

由序號 N267 至 N274，就是數座在 1930 年代以火山岩砌成的牧場圍牆，亦有用水泥建造，為牧場標誌性的建築，部分被評為三級歷史建築。

牛棚（圖片由 Chan Chun Kit 提供）

## 濾水池

1930 年代的建築，用作收集雨水並沉積當中的泥沙，又名沉沙池。濾水池仍保留半圓形的鋼筋混凝土頂蓋，結構完整，被列為三級歷史建築。部分的濾水池更殘存內部的沙泥及清水的分隔結構，甚為難得。

## 牛棚

保存較為完整的牛棚為後期的設計，雖然屋頂及窗戶已破損，但憑殘存的水泥部分仍可辨識。其餘牧場牛棚的集中位置，位處現今置富花園和心光恩望學校一帶，但因缺乏保育，僅留下少量遺存如牛棚的石柱、建築痕迹和少量圍牆。

## 豬舍

由置富花園到薄扶林職業訓練局一帶，都設有數個現存規模最大和最完整的豬舍，其中以序號 N300 保存最為完整，由磚牆、水泥飲水槽和防滑水泥坑紋的斜路都一應俱全，被列為三級歷史建築。其他豬舍遺址，就分別殘留火山岩砌成的圍牆和階梯等。

飲水槽

## 溪流橫道

三條不同高度的溪流橫道，跨度小，由火山岩砌成，用作給牛隻橫跨河流，相信是 1940 年代的建築，附近亦設有矮石牆防止動物誤墮河流，部分的溪流橫道被列為三級歷史建築。

溪流橫道

## 水缸以及擋土牆

由火山岩築成的 6 米高牆，保護着儲水的水缸，仍殘存着昔日輸水用的水管，現時為三級歷史建築。

## 入口石柱

被列為二級歷史建築，相信是 1890 年代建成，以多立克柱式的風格構成，置於當時的牛奶公司入口，極具代表性。

牛糞湖

# 35 曾大屋 風水奇陣

Tsang Tai Uk

一級歷史建築的首位，客家圍村的代表，1848 年始建，歷時 20 年

遊覽港島區唯一的傳統村落後，阿蹟就帶大家到另一個歷史建築物，超過 170 年歷史的圍村——曾大屋。

曾大屋是今人的稱呼，在清朝年間，這座位處於香港新界沙田區城門河東博康邨一隅的傳統客家圍村是被稱為「山下圍」或「山廈圍」。曾大屋極具歷史價值，要欣賞和了解這座建築，除了從建築美學，還要從風水學出發。接下來，阿蹟就帶大家導賞這個百年的風水奇陣。

| 古蹟資訊 | |
|---|---|
| 名稱 | 曾大屋 |
| 級別 | 一級歷史建築 |
| 區域 | 沙田 |
| 地址 | 新界沙田曾大屋 |
| 前往方法 | 港鐵沙田圍站往逸泰街方向步行 10 分鐘 |
| 開放時間 | 全日 |

## 古蹟背景

曾大屋，為單一氏族組成的圍村，是香港現存最大的客家大屋，建於 1848 年，歷時 20 年，直到 1867 年才建成。原稱「山下圍」的曾大屋，因二次世界大戰期間收容了不

**由花崗石、麻石、青磚和精選木材所構成的圍牆。**

**茶壺耳鑊型更樓**

少難民，故被尊稱為「曾大屋」。提起這座百年古村，就要由開村先祖曾貫萬説起。曾貫萬原名曾奕賢，1808 年生於廣東長樂縣，年少家貧，16 歲就隨兄來到茶果嶺石廠以打石為生。幾經努力之下，累積到一定資本，看準了香港開埠後對石材的需求，故在筲箕灣開設「三利石廠」，為港英政府和洋商提供建屋用的石材，英式的建築如倉庫和住宅、軍人的堡壘和營房、政府的建築物和海堤等皆以石塊為主要建材。同時，他亦向筲箕灣一帶的船家提供淡水，雙管齊下，獲利甚豐。

雖然風水之事，在乎信與不信，但既然曾大屋被稱為風水奇陣，自然就少不得龍脈。曾大屋的位置正是風水福地，背靠獅子山脈，遠視三五群峰，初落踴躍奔騰，結成頭圓身肥，山為「龍頭」，屋位於「龍脈」，農田與海則為「龍尾」，背水近水，亦符合山旺人丁水聚財的原則；若以五行術數分別，則屬於金星和排衙，為有力的靠山。除了山林外，曾大屋的位置亦被來自道風山和萬佛寺的溪水包圍，並且鄰近城門河，名副其實是依山靠水的福地。

## 建築特色

曾氏致富後，便在瀝源一帶買地建屋，從風水佈局到建築選材都相當講究，精選的木材、花崗石和青磚作為建材，經歷 20 年才完成這座佔地 6,000 平方呎的客家圍村。曾大屋的格局為三進式的建築，特別之處在於其格局實際為「三堂四橫」，又有「三陽四陰」的叫法。「三堂四橫」的格局依舊為三進式的廳堂，但去除了原來中軸線的巷道，取而代之的是四排橫屋，但大家現時前往參觀，就只能看到忠恕堂的部分。由於是以三進式為村落的設計，故全村的形狀呈長方形，最初屋內的單位僅有 99 間，寄意曾氏後人千秋萬世，長長久久。

從前的曾大屋，外部是一層由花崗石、麻石、青磚和精選木材所構成的圍牆，樓高兩層，集居住和防衛功用於一身。圍牆四

「大夫第」的木匾與張玉堂書寫的「祥徵萬福」石額

角設有樓高三層的茶壺耳鑊型更樓，茶壺耳鑊的形狀為官位學識的象徵，一排排的槍孔仍然保留至今。圍牆之外，四周曾經有護城河圍繞，並以吊橋銜接，以百多年前的圍村規模而言，已經算得上是銅牆鐵壁。

大家先從正立面觀察，光是大屋立面便開了三個圓拱磚石門，在中門的入口更有以酸枝木和鐵枝製成的門閂作防盜之用。進入圍村當然要從正門入口開始，圓拱磚石門上方嵌有「一貫世居」石匾，由族中舉人曾蘇於同治十三年（1874 年）書寫。

穿過圓拱磚石門和天井後，就能到達前廳的門口，傳統的中式建築上掛着「大夫第」的木匾，此為曾貫萬的稱號，他除了有向朝廷捐款，在各地修橋補路，還有捐款濟災，故後來就授予「奉直大夫」的六品官位。在這個木匾的下方，還有由駐守九龍寨城的「武功將軍」張玉堂書寫的「祥徵萬福」石額，當時張玉堂為清朝於港九地區官位最高的人，從中亦可反映曾貫萬當年的地位。

踏入前廳過了天井，就是客家圍村用作議事的正廳。廳內掛有曾貫萬及其他曾氏族人的遺像，當中最具歷史價值的便是曾貫萬 71 歲壽辰（即光緒四年，1878 年）獲贈的凸字木刻壽屏。屏風是曾貫萬先生的子孫送贈的生日賀禮，已有百年歷史。正中有 12 幅木刻壽屏，是陽刻凸字雕刻，用上金漆，並以四六駢文寫成。屏風的頌詞由翰林院戴洪慈撰，書法家黃家端書。上有「誥封奉直大夫貫萬公曾世伯大人七旬開一大壽誌盛……兵部侍郎、刑部尚書、左炮肖……」等人的祝賀，可謂地位非凡。屋內儘管只是橫樑，亦刻有吉祥的字眼，大家可以細心留意「奕世其昌」。

再穿過另一天井，便是圍村的重地──供奉曾氏祖先的祠堂，即為後廳。祠堂內，大

凸字木刻壽屏

花燈、牆上的木雕、天花上的橫樑都保留了原貌。現時已用鐵欄分隔，非曾氏族人無法進入。屋內亦以天井分隔，此為極具心思的設計，下雨時雨水從四方匯集，自金錢形的水口流去，正是「四水歸源」的風水格局。

參觀上廳、正廳和後廳後，離開曾大屋前可到天井看看當年村民生活用的兩個水井，以及不同廳門所用的石匾字眼，如「安富」、「尊榮」、「景星」和「慶雲」等，甚有意思。

曾氏一族興盛多年，但在二次世界大戰中亦受到摧殘。儘管是以固若金湯而聞名的曾大屋，在日佔時期仍被日軍強行攻入。據村長曾德防早年接受傳媒採訪所述，日軍攻入曾大屋後，就把大屋中門燒毀，搶掠和姦殺婦女。儘管面對殘酷的對待，曾大屋在二次世界大戰期間仍收容了 500 名中國難民，故後來得到「大屋」的尊稱。

## 古蹟的故事

### 一夜致富不是夢？

有關曾氏致富，坊間一直流傳以下的掌故：曾貫萬非官商後代，而曾大屋的建造歷時20年，沒有龐大的資本是不能維持如此規模的工程。曾貫萬以打石為生，後來在筲箕灣一帶建立自己的石廠，並向漁戶提供食水。有一次，他就遇上海盜登門求售，要求以每甕800錢的價格買下所有鹹魚，亦有説指海盜正被官兵追捕，只好放下數甕鹹魚。無論是何種説法，海盜都是一去不返，而鹹魚甕底盡是金銀，曾氏一夜致富，並把金銀用作興建曾大屋。

### 好心真有好報？

至於另一個有關曾貫萬的故事，就是一半事實，一半掌故。在筲箕灣從事礦場的曾貫萬，在礦場中發現一具骸骨，好心之下把此副骸骨埋葬在本為祖先準備的柏架山風水好穴中，並立碑「曾氏福德公之墓」，以免骸骨主人成為無主孤魂。立碑的日子為道光十七年丁酉歲孟春月（1837年），亦是曾大屋建造前的十多年。「曾氏福德公之墓」是確實存在，此為事實，至於是否好心有好報，為曾貫萬帶來強大的運勢，此點就不得而知了。

### 行善積德、福澤後人

有關曾氏一族的故事當然不止曾大屋，他行善積德之事有着不少的記載。在筲箕灣天后宮中的古廟碑記中就記載同治十一年（1872年）曾貫萬以三利石廠捐款重修該廟「曾三利題銀三拾大員」；而在光緒十六年（1890年），在「重修車公廟碑記」中，亦有「曾貫萬銀三拾員」的記載；其後興建的大埔廣福橋，亦有曾貫萬捐款幫助。

金錢形的水口

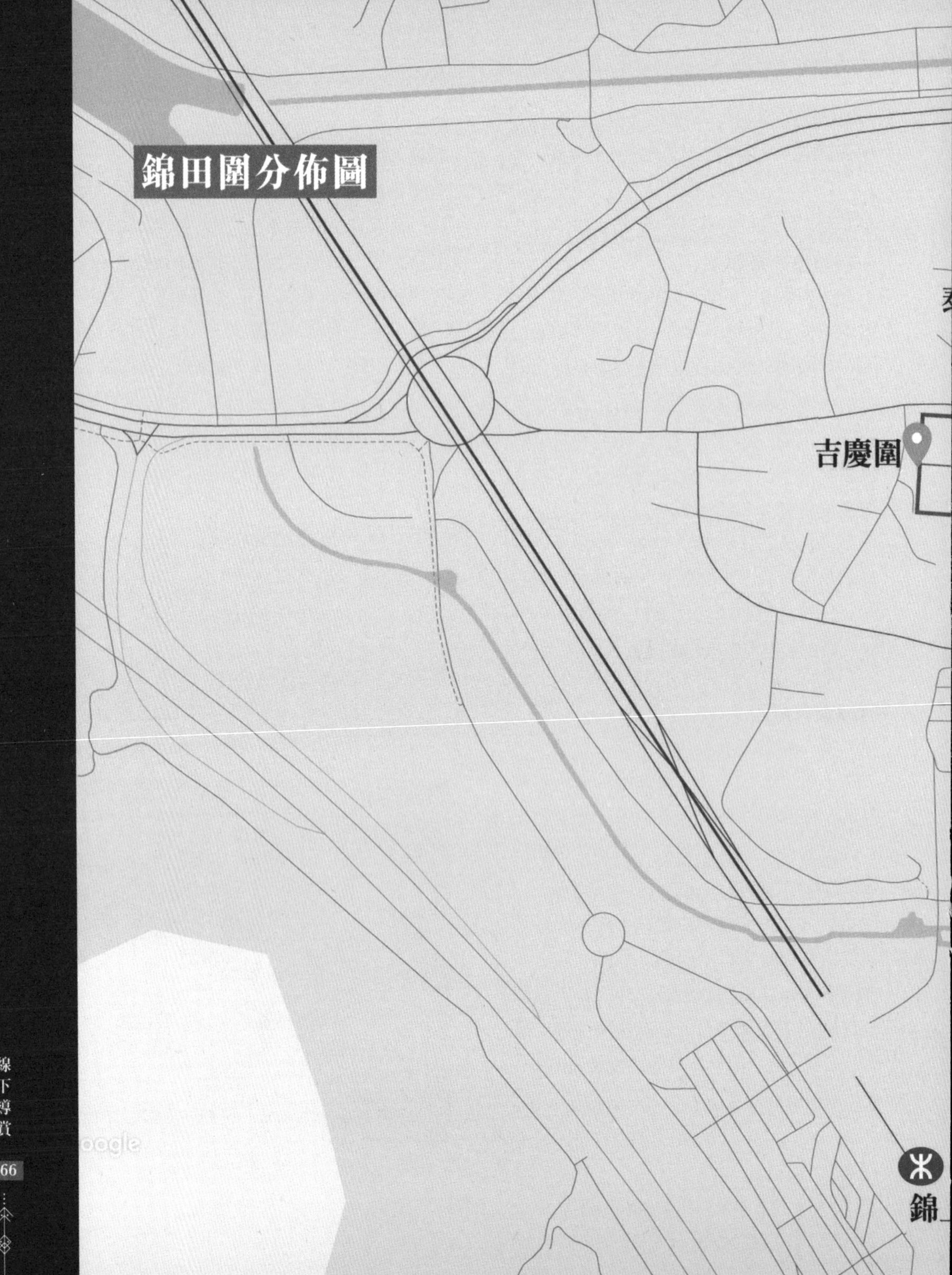
錦田圍分佈圖
吉慶圍
錦

錦田公路

永隆圍

耕心堂

錦上路

# 36 錦田本地圍

## 香港古老圍城

*Kam Tin Local Walled Village*

介紹香港島唯一傳統村落薄扶林村以及現存最大的客家圍村曾大屋後，就來到本地圍村的代表，由新界五大氏族之一的鄧氏所建立的錦田六圍。

錦田六圍，是指位於元朗錦田的吉慶圍、泰康圍、永隆圍、南圍、北圍和新圍。錦田的先祖早於北宋時就移居來到現時的錦田一帶，而錦田的古稱並非錦田，而是岑田。據説鄧氏徙居來到錦田時，本來的地名為「陳田」，但因四周皆為高山，「岑」在《説文解字》中有山小而高之意，最初就附近一帶命名為「岑里」。經過數年的開山闢地後，「岑里」就開闢了不少的田地，就被鄧氏族人稱為「岑里田」，簡稱為「岑田」，並沿用至明朝萬曆十五年（1587 年）。

由「岑田」演變成今日的「錦田」，其中又有一段故事：在明朝萬曆十五年，新安縣一帶大旱饑荒，儘管知縣邱體乾開倉賑災，但從各處所得的米糧並不足以舒困。鄧氏族人鄧元勳就在饑荒之時反而捐出一千石米糧，重量單位「石」在明朝時就等同現代的 94 公斤，換算成重量單位即有 153.5 斤。當時知縣得知此事後，就認為「岑田」是一個錦繡之鄉，於是將此地易名「錦田」。

鄧氏在錦田發跡，在明朝先後興建六座村落聚居，在清朝年間是新安縣中最大的氏族，其財力絕不能輕視。有關新界鄧氏的開族祖，屏山與錦田鄧氏都各持己見，但建立錦田六圍的鄧氏族人，無用置疑的是鄧符協。

鄧符協為北宋崇寧年間的廣東陽春縣令，因公務路過岑田村（今錦田），認為此處是風水福地，聯同鄧紹舉、鄧璁等族人在明朝成化年間（1465–1487 年），先築北圍（今水頭村）、南圍（今錦水圍），其後由族人同時期加建吉慶圍、泰康圍和永隆圍等。現存的錦田圍村中，就數吉慶圍保存得最為完整，其餘的圍村已變得肢離破碎，只可選當中部分的建築介紹。

錦田六圍之一，圍牆，圍門、四面的更樓以及神廳皆被列為一級歷史建築

# 吉慶圍

## 古蹟背景

香港開埠至今有 178 年歷史，但早在明朝成化年間（1465 年至 1487 年），就已經有吉慶圍的存在。吉慶圍由鄧氏十八世祖鄧伯經所建，早年並無圍牆，因地處瀕海加上清初的遷海令，使至寇盜為患，終在康熙初年由鄧珠彥和鄧直見二人提出加建長 80 米、高約 7 米的青磚圍牆，牆基則以大麻石為材，結實非常。圍牆並不是獨立存在，後續加建了不少防禦設施。牆身上設有炮口，四角築有更樓，沿着圍牆三面亦開挖闊達 10 公尺的護城河。圍村中只保留西邊的一個入口，亦加建了連環的鐵閘，吉慶圍一時之間竟成了銅牆鐵壁。

## 建築特色

要參觀吉慶圍，就要先在門外的投幣箱放下數元港幣的入場費。先不要急着入內參觀，就等阿蹟為大家介紹圍內外的建築特色。

吉慶圍從平面上看，是一個長方形；細看內裏的建築，就會發現整個吉慶圍是由正門大街和小里巷分隔而成的對稱縱軸結構。這種建築佈局與中國古代的「坊」極為相近，井然有序如同棋盤般的城市設計。

緩步走進圍內，除了看到傳統木製「趟櫳門」的痕跡，更會看到著名的吉慶圍鐵門，

### 古蹟資訊

| 名稱 | 吉慶圍 |
|---|---|
| 級別 | 圍牆，圍門、四面的更樓及神廳皆被列為一級歷史建築 |
| 區域 | 元朗 |
| 地址 | 錦田吉慶圍 |
| 前往方法 | 港鐵錦上路站 B 出口，步行 15 分鐘 |
| 開放時間 | 全日 |

**槍孔、青磚圍牆**

而現時這對鐵門只有一扇原屬吉慶圍。踏進圍內，大家就會看到一條約 2 米寬的大街從正門延至村尾的神廳，這條就是吉慶圍的中軸線。

圍內兩邊皆作住宅之用，住宅之間再有小橫巷分隔開，形成了數行排屋，每排約有十間房屋。以往古舊的樓房今天大多已變成現代樓房了，但據説以前能在屋頂上加建「茶壺耳」設計的都是有功名人士。至於護河，現時就只剩下面向錦田公路的河面得以保留，其餘兩面已變為露天明渠。

## 古蹟的故事

提起吉慶圍，自然就會記起的一段辛酸的歷史，亦是被遺忘的新界六日戰。「鐵門事件」可算是當中最具標誌性的事件，英國在 1898 年與清廷簽定《展拓香港界址專條》，決定在 1899 年 4 月接管新界。

由於前景不明，新界鄉勇亦不甘從屬英國，於是在屏山鄧氏以及十八鄉、錦田等鄉約聯手反抗，展開新界六日戰。錦田的居民就以吉慶圍作據點，一度把英軍的戰線壓至永慶圍。在裝備落下的情況下，新界鄉勇就只能以守為攻，要知道吉慶圍三邊有護城河守護，正門就有連環鐵門，鐵門上的鐵枝並無接口，為扭曲而成的繩網狀，欲接管新界的英軍久攻不下。最後，竟以大炮攻城，炸毀鐵門四周的圍牆，並把鐵門作為戰利品運到倫敦展覽。為期六日的戰爭，新界鄉勇死傷達五百人，甚為慘烈。在新聞封鎖和新界鄉勇不願提起的情況下，新界六日戰就逐漸被遺忘。當年被殺害的吉慶圍、泰康圍鄉勇，被埋葬在逢吉鄉妙覺園裏的「英雄祠」。

然而，鄧氏的族人對鐵門卻是念念不忘，多年來數次提出鐵門歸還的要求。直到 1924 年，作為太平紳士的族人鄧伯裘再次提出這個要求，港英政府才介入事件，最後在蘇格蘭尋獲鐵門，運回香港。1925 年 2 月 26 日的鐵門交還儀式，更是由當時的港督司徒拔（Sir Reginald Edward Stubbs, K.M.G.）親臨主禮。就「鐵門事件」，鄧氏後人立碑一塊紀念此事，據說紀念碑於日佔時期受到破壞，因此後來曾作出復修，於入口處的牆上以中英文對照立銅刻碑記：

「本圍村之居民，悉數為鄧氏族人也，考其先祖，遠在八百年前，避亂自中國江西省，移殖至此聚居，時值公元十三世紀。鄧氏族人有蔽護宋末皇族，並與宋帝皇姑成婚者，所誕後裔，適為近區各鄧氏支族始祖。迨至 1898 年，中國租讓新界，本圍村良民，閉閘自守，遂招致本圍惟一門路之鐵閘，蒙嵤掠去。及後幾經追尋，自愛爾蘭境內運回，璧歸本圍，以表友善。並於一九二五年治儀式典禮復設，重生光輝。今之鄧族居民，仍有事農耕耘圍周之禾田菜地者，所居圍村，尚具護城河，圍牆無缺，矗立如故，誠二百年前廣東盛行之典型防盜自衛設備最完整之古跡也。」

假如大家到訪吉慶圍，有一點值得細心留意：這一扇吉慶圍鐵門左右的鐵枝粗幼不一，應為兩扇不同的鐵門。同樣的鐵門事件，在鄰近的泰康圍亦有發生。據說鐵枝較粗的那邊為原來泰康圍的鐵門，而較幼的才是吉慶圍的原物。

失而復得的吉慶圍鐵門，據說其中一扇是屬於泰康圍的鐵門

**永隆圍錦田六圍之一，於明朝成化年間（1465-1487 年）建成**

# 永隆圍

## 古蹟背景

永隆圍，原稱「永龍圍」或「沙欄尾」，是由錦田九世祖鄧洪儀的孫兒、明朝的舉人鄧廷楨的兒子鄧紹舉於明朝成化年間（1465-1487 年）建成。與吉慶圍、泰康圍是同時期興建。早期的永隆圍亦是沒有圍牆，後來康熙年間因盜寇猖獗，由族人鄧瑞長與鄧國賢加建而成。

假如現時大家走進永隆圍，會發現建築佈局與傳統圍村有所差別，但原來的永隆圍並非如此。傳統圍村的圍門都位於中軸線上，有主道將整個圍村分為左右兩個部分，貫通圍門至圍底。至於供奉神祇和拜祭祖先的神廳，多設在主道的盡頭。

永隆圍的結構本應如此，亦曾如此。雖然永隆圍與泰康圍為同期的建築，但也有先後之別。在泰康圍建成後，永隆圍的村民因風水原因將其原有的圍牆、更樓等建築拆卸，圍村入口亦由西面移至南面，所以圍門已不再位於圍村的中軸線上。圍牆和更樓已經不復存在，只有圍門在 2010 年被列為二級歷史建築物。

溫馨提示：永隆圍的圍門隱藏於停車場內，不但停車場有禁止閒人進入的標示，而圍門亦有「遊客止步」等字樣，入內參觀並非完全禁絕，但要先取得村民同意。

**古蹟資訊**

| | |
|---|---|
| 名稱 | 永隆圍 |
| 級別 | 眾聖宮被列為二級歷史建築；耕心堂為三級歷史建築 |
| 區域 | 元朗 |
| 地址 | 元朗錦田錦田公路側 |
| 前往方法 | 乘搭港鐵前往錦上路，沿 B 出口步行 |
| 開放時間 | 不對外開放 |

## 眾聖宮

永隆圍的神廳「眾聖宮」則依舊留在原來中軸線上的末端，神廳於 1959 年曾進行重建，於 2010 年被確定為三級歷史建築。眾聖宮前有一個小空地，昔日供村民擺設婚宴和丁酒之用。神廳內桌上供奉以觀音娘娘為首的 11 位神靈。根據傳統，圍村內每戶家庭均需每月輪流保管門頭牌，及每天上香兩次。

## 永隆圍圍門的功名牌匾

作為傳統圍村建築，現今就剩下圍門，但大家千萬不要小看當中的歷史價值！只要窺探一下永隆圍的圍門，一定會留意到圍門處保存了不少功名牌匾。那些功名牌匾不一定屬永隆圍的居民，但中舉之人皆為鄧氏族人。要知道以前的科舉考試難度甚高，地方的考生首先要通過童試，方可參

永隆圍圍門的功名牌匾（武魁）

永隆圍圍門的功名牌匾（進士、文魁、解元）

加鄉試或入學讀書。秀材通過鄉試後，便為舉人。鄉試第一名稱為「解元」，第二至六名者稱為「經魁」，第七至十名者稱為「亞魁」，第十一名以後都稱為「文魁」。舉人可繼續考會試，會試合格的考生會稱為「貢士」。殿試就在會試榜後舉行，通過最後考試者，則稱為「進士」。

除了文試，清代更設有武科，考試程序跟文科一樣。通過考試的考生能取得「武秀才」、「武舉人」、「武貢士」和「武狀元」等名銜。如斯數量的文武功名牌匾掛在此處，展示出鄧氏祖先顯赫的功名和文武雙全。可惜至今部分牌匾上的字已經變得模糊，難以分辨取得功名的為何人。在搜集資料的過程中，幸得歷史文化專頁「跑遊元朗」的版主 Tere Wong 慷慨提供他研究多時得來的資料，才能重塑功名牌匾中的鄧氏先人身世，以下就為大家一一介紹。

鄧英元（武魁）── 永隆圍鄧氏族人，錦田鄉出名的武官，於乾隆五十四年（1789 年）己酉恩科考武舉人。他是名副其實的文武雙全，善武就不必細述，而他書法造詣極高，錦田鄉不少地方留有他的筆跡，例如水頭村的「泝流園」、八鄉牛徑「慶

三級歷史建築物眾聖宮

眾聖宮內部

善堂」及靈渡寺石門楣上「靈渡寺」等的題字，全都由他題寫。錦田「二帝書院」中亦有他的草書對聯兩副，其一為「品竹評花 得意時何思何慮，烹經煮史 解悟處無古無今」，另一副則為「上座得南薰 五六月天無暑氣，下堂皆北面 二三更夜有書聲」由於是草書的關係，字體相對難辨識，大家可花點時間品味一番。

鄧文蔚（進士）—— 錦田泰康圍人，於順治十四年（1657 年）中舉，後康熙二十四年（1685 年）中進士，成為香港第一位進士。他晚年授浙江衢州府龍游縣知縣，到任不久病逝。生前致力於團結整個東莞的鄧氏宗族，亦有為族人赴考時提供住處。他亦將原來於大橋墩的元朗墟市遷移至西邊圍、南邊圍之間，設立了今日的元朗舊墟。

鄧佐槐（解元）—— 雖然鄧佐槐在永隆圍的功名牌匾只是「解元」，但是他的仕途不僅如此，同治七年（1868 年）在殿試中，獲欽點為禮部主政。他的「進士」功名牌匾掛在元朗永寧里。「欽點禮部主政」的牌匾則掛於廈村鄧氏宗祠「友恭堂」裏。

鄧蓉鏡（文魁）—— 鄧蓉鏡是錦田鄧符協的後人，他最後亦不只獲得「文魁」的名銜。他於同治十年（1871 年）科點翰林庶吉士，其他屬於他的功名牌匾亦有掛在錦田、屏山和廈村等鄧氏宗祠內。鄧蓉鏡曾任國史館纂修官，後出任江西督糧道。

鄧天保（進士）

鄧熙（文魁）

不明（經魁）

不明（亞魁）

## 永隆圍的卜卜齋——耕心堂

除了眾聖宮被列為二級歷史建築物之外，永隆圍還有一座建築物被列入三級歷史建築物，它便是耕心堂。耕心堂位於圍村對面的一條小路內，1880 年代由鄧耕心興建的鄧氏私塾，即是以傳統的「卜卜齋」形

傳統卜卜齋——耕心堂

式教學。隨着政府推廣的普及教育盛行，以及 1926 年成立了錦田公立蒙養學校，耕心堂便不再用作私塾，而是維持永隆圍鄧氏的家祠。耕心堂平日都不開放，只會在特別日子供村民進行圍村活動，例如舉行婚宴、喪事、元宵點燈以慶祝添丁等活動。

耕心堂屋頂的兩端設計不對稱，只有一方為卷尾形屋頂。在山牆、簷下等地方都有不同的雕飾及書畫作裝飾，外牆亦設有精巧的窗花。耕心堂裏面放有不少雜物，可見此處或已成儲藏室，作為私塾的用途早已失去。驚喜的是內廳右方仍然保存了三把鐵鑄關刀，估計動輒數十公斤重，應該是用於拜神儀式，以及早年讓鄧氏的子弟練武之用。

古物古蹟辦事處亦曾多次到訪約見，商談有關發展及保育之事，但由於圍村不少土地為祖堂地，難以取得村民、尤其長輩的一致共識，所以計劃未能達成。

耕心堂內部（幸得村長允許入內拍攝）

錦田六圍之一，於明憲宗成化年間由鄧氏原居民興建

## 泰康圍

泰康圍位於錦田公路側錦田街市後方，跟吉慶圍、永隆圍同樣於明憲宗成化年間由鄧氏原居民興建。初時只是普通一條鄉村，後來加建圍牆更樓演變成圍村。泰康圍的主道走到盡頭便是神廳「慶福堂」，而門樓後來於 1986 年曾進行重修，上方有一塊以小篆書寫着「南陽貴胄」的石匾。門樓於 2010 年被列為三級歷史建築物，圍內的大門有梅蘭菊竹、金錢吊蝠的圖案作裝飾。可是最近到門樓考察發現內裏仍然十分簇新，翻查以前的照片作對比，門樓應該再次重修過，經已不如以往。

另外，早前向大家介紹過吉慶圍的鐵門事件，實際上當時英軍佔據吉慶圍後，把吉慶圍連同泰康圍的鐵門都移走並運回英國。鐵環較粗的鐵門是屬於泰康圍，另一個鐵環較幼的則屬於吉慶圍。後來政府於 1925 年歸還鐵門給兩圍，吉慶圍的圍門重新安裝上鐵門，但泰康圍就只剩下一道鐵門檻。

泰康圍的西北角炮樓同樣被確定為三級歷史建築物，可是炮樓的位置早已被圍內高樓覆蓋，未能與大家一睹此建築。

三級歷史建築物——門樓。

| 古蹟資訊 | |
|---|---|
| 名稱 | 泰康圍 |
| 級別 | 門樓被列為三級歷史建築物 |
| 區域 | 元朗 |
| 地址 | 錦田泰康圍 |
| 前往方法 | 乘搭港鐵前往錦上路，沿 B 出口步行 |
| 開放時間 | 全日 |

### 第九章參考資料及延伸閱讀

STORMONT, DIANE(2006), The Dairy Farm Story 1886-2006. Hong Kong. Hongkongnow.comLimited.

Tere Wong: ：〈跑遊元朗錦田鄉（10）——永隆泰康吉慶〉，2014

黃家樑：《藏在古蹟裡的香港》（香港：三聯書局，2014）。

# 第十章 小島怡情——遠在離島的文物古蹟

以下兩個海島會以阿蹟設計的文物徑形式為大家介紹，帶大家由淺入深了解整個海島的發展歷程，以及島上的文物古蹟。

## 導賞路線A：自成一角的小島——長洲

前幾章為大家介紹了位於港九新界的古蹟，而在香港的地圖上，還有離島區域，早年的交通系統並不發達，出入不便令這些區域長期與市區隔絕。在以上的條件之下，當地居民為了日常生活就一手一腳建設社區，逐漸令這些離島成為自成一角、自給自足的地方。阿蹟要為大家介紹的首個地方是近年以旅遊、美食和傳統的文化節日太平清醮而聞名，這個地方就是「啞鈴島」。

長洲，位處大嶼山及南丫島之間，為一連島沙洲，因其形狀與啞鈴相近，亦有「啞鈴島」之稱。長洲的面積只有2.46平方公里，在這小小海島之上，竟然有二十多處古物古蹟，當中歷史最為悠久的就是本書第一章介紹的長洲東灣石刻，亦印證了3,000多年前的長洲就已有先民居住。居住在長洲上的古代先民以漁業、海上貿易為生，面對未知的大海，只能從民間神祇處尋求保佑和慰藉，亦是這個原因，長洲島上傳承着豐富的民間信仰，而盛行時期都是明清兩朝之間，與海運的發展相輔相成。現時島上的主要廟宇，如北社天后古廟（乾隆三十二年，1767年）、大石口天后古廟（乾隆三十七年，1772年）、西灣天后宮（乾隆三十九年，1774年）等，都是在乾隆年間建成。

除了民間的信仰，隨着明清朝的海上貿易事務頻繁，由之而來的水土不服及葬儀問題，亦間接令醫療墳場設施在長洲誕生。香港被英國殖民化後，長洲亦難逃被佔領的命運，界石、現代化的警局、西式醫院、學校、修道院等西式設施如同雨後春筍，在長洲落地生根。

清朝乾隆年間長洲被發展成為墟市，但由於地處偏僻，朝廷鞭長莫及，難於治理。於是發出《承墾長洲田莆執照》予黃姓大戶，將中部土地撥歸黃家所有。在香港開埠初期，長洲約有 600 餘戶，直到 1930 年代，長洲人口仍維持在七千人左右。日軍侵華使至難民湧入，因而令長洲的人口突破一萬人。由於《承墾長洲田莆執照》，現時島上的黃姓族人仍擁有不少土地。以上就是長洲的概況，這次的導賞，阿蹟帶各位認識吃喝玩樂之外、充滿文化歷史氣息的長洲。

要了解一個地方，最好就是從當地人的日常生活出發，認識各項設施，而阿蹟就為大家設立了一條長洲古蹟導賞的路徑。

## 長洲古蹟導賞圖

張保仔洞

北帝廟

東灣

長洲戲院

觀音灣

長洲渡輪碼頭

長洲警署

長洲醫院

長洲官立中學

水月宮

長洲方便醫院

第一站

# 長洲北社街玉虛宮

**建於乾隆四十八年 (1783 年 )，被古蹟辦評定為一級歷史建築物。**

| 古蹟資訊 | |
|---|---|
| 名稱 | 長洲玉虛宮 |
| 級別 | 一級歷史建築 |
| 區域 | 離島 |
| 地址 | 長洲北社街 |
| 前往方法 | 於中環港外線碼頭乘渡輪往長洲 |
| 開放時間 | 每天上午 7 時至下午 5 時 |

從中環出發，乘搭前往長洲的船，視乎個人情況在碼頭附近進行補給後，可先沿新興海傍街往北社街的方向出發，約五分鐘的路程就能到達我們的長洲第一站。第一站帶各位先了解長洲居民自發管理的玉虛宮，同樣是信奉北帝，但長洲的太平清醮卻是聞名於世，所以我們第一站就先「入屋叫人，入廟拜神」。

## 古蹟背景

玉虛宮即北帝廟，灣仔的北帝廟以面積和裝飾而聞名，而長洲北社街的玉虛宮就以「古」而為人所知。這座古廟建於乾隆四十八年（1783 年），足足比灣仔北帝廟早 79 年建成，現時被古蹟辦評定為一級歷史建築物。

在介紹灣仔北帝廟時，阿蹟就曾介紹過北帝這位神祇，祂被視為水神，北極星的化身，指引迷路的船隻，並掌管風雨。而且，道教流傳着「南斗注生，北斗注死」，故北帝亦被尊稱為「玄天上帝」。

有關這座古廟的建成緣起，同樣是有一個與怪力亂神的故事。長洲的居民最先由廣東惠州、潮州及廣州一帶遷至，由於大部分人口皆從事漁業，一律信奉海神北帝，並希望向海神北帝祈求獲得神明庇蔭，使舟楫平安。相傳在北社街玉虛宮未建成前，長洲曾在乾隆四十二年發生疫症，當地漁民曾遠赴惠陽縣玄武山北帝廟迎請北帝神像到長洲，疫症才得以鎮壓。有見及此，當地的鄉紳林煜武就決定領導居民集資建廟奉祀北帝。

每年的農曆三月初三是北帝誕，亦是長洲太平清醮的日子，玉虛宮前地球場，會架設戲棚、搶包山等活動，消災解厄之餘，祈求來年平安。

## 建築特色

長洲的玉虛宮除了「古」，還可以兩個「最」概括：全港最具規模的北帝廟，以及全港獅子最多的廟宇。

要注意的是，上述的規模並不是指面積的大小，而是指整體建築的結構和所具備的設施。玉虛宮為兩進式三開間的結構，殿前建有一道花崗石梯階，門外置有一個 1861 年製造的石香爐及兩對石獅子，屋脊設有石灣剪瓷裝飾，色彩仍然鮮艷，娛神亦娛人；廟宇中正殿寬敞，神壇置中，廟內共有五尊北帝像，更有香港廟宇罕見的蟠龍石柱；兩側設偏殿，左右對稱，亦設有「龍化」、「虎變」的灰塑，面積上而言雖然不是最大的廟宇，但絕對是「五臟俱全」。

至於全港獅子最多的廟宇又是從何得來？原來長洲玉虛宮除了最顯眼的兩隻正門石獅外，在廟宇的瓦面和簷角，亦有很多獅子造型的裝飾，大家到訪的時候不妨細數統計。

神轎

玉虛宮牌匾

## 古蹟的故事

長洲玉虛宮歷史悠久，分別於道光二年（1822 年）、道光十八年（1838 年）、咸豐八年（1858 年）、光緒廿九年（1903 年）及 1989 年重修。廟宇的古老不僅體現在建築上，還有當中的文物。乾隆四十八年（1783 年）的「位正天樞」牌匾最為古老，廟內還有一柄早年由漁民網得奉於廟內的宋朝大鐵劍及魚骨、一座製於光緒二十五年的鑾輿、一個咸豐十一年製的石香爐及乾隆四十九年的銅鐘。廟中的文物由光緒三十二年至民國十七年，具相當長的歷史跨度。

第二站

# 長洲戲院

於 1931 年開業，現為三級歷史建築

除了宗教建築，長洲昔日亦有娛樂的設施，第二站阿蹟帶大家前往昔日長洲充滿歡笑聲的地方，這個地方就是長洲戲院。參觀玉虛宮後，若不參觀鄰近的天后宮，就可從北社街轉入新興後街，需時 4 分鐘。

| 古蹟資訊 | |
|---|---|
| 名稱 | 長洲戲院 |
| 級別 | 三級歷史建築 |
| 區域 | 離島 |
| 地址 | 新興後街 120 號 |
| 前往方法 | 於中環港外線碼頭乘渡輪往長洲 |
| 開放時間 | 停業 |

## 古蹟背景

位於長洲新興後街 120 號，於 1931 年創立的長洲戲院，服務長洲街坊愈 60 載，在 90 年代結業以後，雖然傳出多次重建計劃（目前計劃發展為食肆和商店及服務行業），但奈何遲遲未有動工，荒廢近 20 年。現時的長洲戲院已經封上圍板，只能在圍板外看到「長洲戲院」的牌匾。

長洲戲院於 1931 年開業，現為三級歷史建築，當年由姚氏東主經營，最初的時候為播放黑白電影默片時代，場次分為粵語片及西洋片，日間放映一場，夜間則放映兩場。由於主要播放是黑白默劇的緣故，當年的長洲戲院內設現場解話的旁白員，職責當然是為院內 600 多名觀眾進行解說。小小海島，結業多年的長洲戲院相信是不少長洲居民的集體回憶。

## 建築特色

就建築特色而言，長洲戲院樓高兩層，主要由石磚及巨石砌成。入口上方有螺旋柱頭裝飾的簷篷，頂部亦有兩個長洲戲院的石刻。按現時的狀況推斷，正門後就是售票大堂，當年亦是展示電影海報的位置，鐵皮摺椅、戲台及講故台猶在。可惜的是，由於日久失修，現時屋頂中央因風雨破壞而開了大天窗。

鐵皮摺椅、戲台及講故台猶在

# 第三站 長洲警署

長洲警署現時外貌

沿新興後街，轉入東灣路就會到達警署徑，亦來到第三站，仍在使用的長洲警署。要入內參觀似乎不太可能，但要了解這座建築，阿蹟亦可為大家介紹。

## 古蹟背景

前文曾經提及過，十九世紀的長洲人口稀少，以發展海上貿易為主而換來物資上的豐裕，亦因此引來海盜垂涎，不單是途經的船隻，就連島上居民亦是他們目標之一。在政府機關決意處理盜賊為患的問題前，民間就已經自組更練館，即為社區自組社團維護社會治安，負責區內巡邏，故為「更練」。有見及此，當時的滿清政府就在島上設立海防據點，並且在現今的長洲警署位置，設立稅關，即當時俗稱的衙門，打擊走私和海盜。

長洲警署的位置與清朝時的稅關相同，真可謂是一脈相承。港英政府接管新界後，1899 年正式把稅關改為警署。警署四周有圍牆和鐵絲網，擺放了多枚小炮。即使時

| 古蹟資訊 | |
|---|---|
| 名稱 | 長洲警署 |
| 級別 | 二級歷史建築 |
| 區域 | 離島 |
| 地址 | 長洲警署徑 4 號 |
| 前往方法 | 於中環港外線碼頭乘渡輪往長洲 |
| 開放時間 | 不定期開放 |

至今日，警署外貌亦沒有大變，紅磚外牆髹上白色，現評為二級歷史建築。在地理位置上而言，長洲警署位處高地，當年是為了防禦海盜的肆虐及襲擊，故選址居高臨下。早期長洲人口仍然稀少，警員處理的事務並非大型的罪案，一般為財物糾紛、家庭糾紛等，亦有充當驗屍官的說法。

## 古蹟的故事

### 長洲姑爺

早年的長洲警察有「長洲姑爺」的外號，被駐派此處的警員身上都會帶着一枝派克墨水筆，手上又有勞力士名錶，此舉極受長洲女士歡迎，不少人更在長洲落地生根，成為真正的長洲姑爺。

### 1912 劫殺案

在 1912 年的一個深夜，在長洲警署發生了一宗令人聞風喪膽的劫殺案。在該晚的深夜，有一批盜賊兵分三路向長洲警署出發。當時的警署就有一名印度籍的警察駐守以及一名華籍文員。盜賊當場殺死印度籍警員，並脅持文員，在警署內搶走了四枝步槍、數百發子彈。及後在類近的長益大押洗劫時，遇上印度籍副警長和警員，兩位警員同樣被當場擊斃。海盜脅持文員及船員，駕船逃至澳門。

雖然當時的長洲並沒有通訊設備，但有先民目擊案件並前往香港島警察總部報案，最終在澳門拘捕四名海盜頭目，押回香港受審，四人被判死刑。

事件造成三名印度籍警察死亡，包括副警長（Lance Sergeant）巴格星（Bhagatt Singh），警員贊打星（Jhanda Singh）及燕達星（Inder Singh），港英政府亦開始正視長洲的治安問題，斥資 22,000 港元建立一幢兩層高的警署，亦即是現時的長洲警署。

1913 年的長洲警署和警員
（圖片由長洲足跡 Footprint of Cheung Chau 提供）

長洲警署於1913年落成，位處小山崗之上，是離島少數早
Division Police Station built in 1913

# 第四站 長洲醫院

第四站就在 1 分鐘的路程內，只需由警署徑轉入醫院路，大家就能來到現代化和殖民地化帶來的產物——西式療法為主的醫院。

長洲的首間醫院為方便醫院，是以中式治療為主。20 世紀初，普遍的民眾都不信西醫的治療，這種固有的思想要到長洲醫院出現才產生改變。長洲醫院是長洲首間以西式療法作治療的醫院，建於 1934 年，位處長洲東灣，現時被列為三級歷史建築。

這所樓高三層的醫療設施，是由胡文虎、胡文豹以聖約翰救傷會的名義捐建，由於胡氏兄弟是以聖約翰救傷會名義捐建，故醫院英文全稱為 St John Ambulance Association Haw Par Hospital，中文卻使用了「長洲醫院」。醫院的門前刻有 Haw Par Hospital Donated by Mr. Aw Boon Haw（胡文虎） and Mr. Aw Boon Par（胡文豹），即為醫院的贊助人及「虎豹醫院」的別名。

**古蹟資訊**

| | |
|---|---|
| 名稱 | 長洲醫院 |
| 級別 | 三級歷史建築 |
| 區域 | 離島 |
| 地址 | 長洲醫院路 |
| 前往方法 | 於中環港外線碼頭乘渡輪往長洲 |
| 開放時間 | 不對外開放 |

## 建築特色

三層高的醫院大樓以新古典主義設計，揉合了中國特色，如正門入口的月亮門及斗栱的裝飾。大堂放置了胡文虎雕像，同時有一碑誌：「吾洲孤懸海外，居民逾萬，夙無完備醫院，病者苦之。今幸虎標永安堂主人胡文虎先生慨捐鉅款建立醫院一座，值茲院宇落成，共羨規模之宏偉，將見貧病沾惠，同歌恩澤之高深。爰誌數言，藉資崇拜。」可見居民對當時胡氏兄弟的義舉相當感動，充滿感激之情。

### 古蹟小知識

經過長洲醫院，應該不難發現有一尖柱界石，整個長洲據説共有 15 塊類近的界石，用於限制貧窮華人建屋（1919 年頒布《長洲（居所）條例》），詳情可參照線路 B 的介紹。

建於 1934 年，位處長洲東灣，現時被列為三級歷史建築

# 第五站 水月宮

前往第五站的水月宮途中，必須經過長洲的東灣石刻，各位可沿東堤路前往參觀這塊三千多年歷史的古老石刻，沿黑排路轉入家樂徑，就會找到百年歷史的水月宮。

在道教經書中，北帝的居所為玉虛宮，而佛教中的水月宮，就是觀音的行宮。座落觀音灣泳灘路的水月宮，是長洲八大廟宇之一，有百年歷史的觀音古廟。

## 神祇簡介——觀音

觀音，全稱觀世音菩薩，意指「觀察世間音聲覺悟有情」，為大乘佛教中四大菩薩之一。有關觀音的信仰，不僅在佛教中流傳，道教亦有吸收和融合，「慈航道人」、「白衣大士」就是觀音在道教中的稱號。千百年來，觀音以慈悲為懷而聞名，亦是不少漁民心目中重要的信仰。

每年有三次紀念觀音的日子，通稱為觀音誕，分別在農曆二月十九日的觀音誕辰，六月十九日的觀音得道升天日和九月十九日為觀音成仙之日。

## 古蹟背景

廟宇的結構甚為簡單，只是一進式的建築，並且建成的年份缺乏文獻記載，無從稽考，只能通過廟內存有光緒七年（1881 年）雕刻的木匾一幅，推斷其建成歷史不晚於光緒七年，至今已有百多年歷史。

| 古蹟資訊 | |
|---|---|
| 名稱 | 水月宮 |
| 級別 | 沒有評級 |
| 區域 | 離島 |
| 地址 | 觀音灣路 |
| 前往方法 | 於中環港外線碼頭乘渡輪往長洲 |
| 開放時間 | 每天上午 9 時至下午 5 時 |

長洲八大廟宇之一，有過百年歷史

觀音為佛家的菩薩之一，廟的匾額以及對聯與觀音的法相形象極為呼應，如廟內有道光二十七年（1847 年）匾額「蓮座春風」，同治十二年（1874 年）的「慈雲垂蔭」匾額，以及一對同治十二年（1873 年）的對聯：「位鎮東灣，普度慈雲東粵海；恩垂廣府，覃施法雨灑長洲」，都是觀音在佛經中的故事和法相。

## 建築特色

廟內「重修觀音廟碑」紀載，廟宇的位置格局為「前臨碧海，後枕屏山」，大概就是把背海面海的格局昇華，整體的面向為座西南而面向東北。水月宮門前鋪上了紅磚，麻石原料為基。大門的兩側分別為有日神和月神，象徵和諧。當中亦有不少的灰塑繪畫，內容多以長壽、夫婦同心及前程錦繡等為主。

# 第六站 長洲官立中學

| 古蹟資訊 | |
|---|---|
| 名稱 | 長洲官立中學 |
| 級別 | 紅磚屋校舍被列為二級歷史建築 |
| 區域 | 離島 |
| 地址 | 長洲學校路 5B 號 |
| 前往方法 | 於中環港外線碼頭乘渡輪往長洲 |
| 開放時間 | 不對外開放 |

在港九新界，要找到傳統的學校或「卜卜齋」形式的私塾並非難事，但在離島區域，要設立大規模的教學機構就要解決不少問題，而這一站就會為大家介紹這座有百年歷史的學校。從水月宮出發，沿花屏路向體育路方向走，在山頂道右轉就能到達學校路。

## 古蹟背景

要知道早期的長洲的人口主要由惠州、潮州及廣州一帶漁民遷移組成，後來這個人口稀少的海島開始發展商業，商人及漁民落地生根，除了有醫療的需求，自然亦有教育下一代的需要。

二十世紀初，長洲的教學由不少書塾式的學校提供，至於被官方認可的學校，是由美國回流的華僑吳頌堯先生向政府提出開辦的官立學校，長洲官立中學以初級學校的形式於 1908 年創校，最初的時候是借用大新街 18 號的更練館作為第一所校舍，最初只有 20 名學生。（更練館，即為社區自組社團維護社會治安，負責區內巡邏者為「更練」）

繼大新街的校舍，長洲官立中學的前身亦經歷過數次的搬遷，直到 1928 年才正式在長洲學校路 5B 落成紅磚屋校舍，當時的學生亦只有 50 餘人。在日佔時期前，長洲官立中學仍未被正名，居民統稱其為「英文書館」。到淪陷期間，官立學校更被佔用作日軍總部，至1945年日本投降後始復課。

戰後的十數年，香港的經濟及社會逐漸發展，人口的增長亦造成學位的壓力，故後來設有上下午班，並且在紅磚建築旁加建三層高的校舍。整體的校舍大概可分為舊座、新座及單層員工宿舍。長洲官立中學幾經搬遷，現今已有110年歷史，在長洲居民心目中、在長洲教育史上皆有特殊的意義。校內的紅磚屋校舍現列為二級歷史建築，是現存六幢戰前官立學校校舍之一。

**經歷過數次的搬遷，1928年才正式在長洲學校路5B落成的紅磚屋校舍**

第七站

# 長洲方便醫院

建於 1872 年，位於大新街一號（圖片由曾一澄拍攝）

| 古蹟資訊 | |
|---|---|
| 名稱 | 長洲方便醫院 |
| 級別 | 三級歷史建築 |
| 區域 | 離島 |
| 地址 | 長洲大新街 1 號泰興隆木廠背後 |
| 前往方法 | 於中環港外線碼頭乘渡輪往長洲 |
| 開放時間 | 不對外開放 |

參觀長洲官立學校的紅磚建築後，就由學校路往大菜園路的方向前進，到達大新後街左轉，就會找到長洲方便醫院。

長洲方便醫院的歷史相當悠久，當初建成的原因亦是出於人道，為長洲最早期的公共醫療設施。方便醫院原稱「棲流所」，建於 1872 年，位於大新街 1 號、泰興隆木廠後方，方便醫院現時雖然被列為三級歷史建築，但自 1988 年停止運作後，方便醫院就暫時未有活化的規劃，荒廢至今，而當中的原因亦是耐人尋味。

被佔用的方便醫院（圖片由曾一澄拍攝）

## 古蹟背景

長洲的早期人口稀少，島上只有 200 戶，但除了原居民外，還有不少離鄉別井、穿州過省的商人會到此地進行貿易，船難及水土不服也是常見之事。當時有位名為蔡良的商人眼見島上的船難及貧病者，不忍老人流浪無醫，屍骨無處安葬，深感同情並慷慨捐款建立棲流所，以及在周邊建立義塚，亦是方便醫院的前身。「棲留所」的名字沿用到 1915 年，完成擴建後才正式易名「方便醫院」。二十世紀初的中國人大多不信奉西醫的治療，故方便醫院並非以西醫為主，反而是主張以中醫治病，然而直到 1934 年的聖約翰救傷隊西醫治理的虎豹醫院開業後，方便醫院逐漸式微沒落。

## 古蹟的故事

在普羅大眾看來，方便醫院可能是被荒廢，但實情卻是耐人尋味。

31 年前的 7 月，方便醫院正式結束，本應由長洲居民協會捐款維持和管理。因院長的離世，醫院內發生勞資糾紛，長洲居民協會亦與強佔醫院的管工羅氏談判失敗。即使後來方便醫院的管理權由長洲居民協會轉移到長洲鄉事委員會，羅氏及其後人仍佔用方便醫院，輾轉之下已經 30 多年，現時地契名義上仍由離島民政助理專員管理。

方便醫院曾有一副對聯，解釋醫院理念：

「門開方便，好修行，胞與切，恫眾敬祝，祝造無彊，大眾同登仁壽寓。德被生成，彌缺憾，瘡痍資，拯救還願，喜占勿藥，一堂共樂太和春。」

諷刺的是，當年行方便之門的醫院，救助過不少長洲人的地方，如今就因為種種原因而荒廢。

方便醫院對聯（圖片由曾一澄拍攝）

## 第八站　張保仔洞

結束方便醫院的行程後，若要前往張保仔洞，可返回碼頭乘搭街渡前往西灣，需時15分鐘。此處既非古蹟亦非遺址，只供大家欣賞西灣景色之餘，同時感受一下傳說故事。

提起長洲最著名的旅遊景點，莫過於位於西灣的張保仔洞。張保仔洞與張保仔的寶藏有否關聯實在無法考究，大概現時流傳的故事多為後人的穿鑿附會。現時的張保仔洞並無任何收藏寶物的痕跡，洞口極之狹窄長約10呎，洞穴由入口至出口全長約88米，洞內非常黑暗及狹窄，地面濕滑，難以從中觀察出什麼歷史的痕跡。

雖然張保仔洞虛構的成分居多，但張保此人卻實際存在。在清朝嘉慶年間粵東一帶，海盜橫行，而最早期廣為人知的海盜並非張保仔，而是他的頭領鄭一（活躍於1802-1807年）及鄭一嫂（活躍於1807-1809年）。當時他們的主要搶掠對象多為粵東一帶的商船，由於人數龐大，即使在1809年與葡萄牙海軍交戰，葡萄牙亦需以和談的方式勸退海盜。

張保仔，本名張保，廣東新會江門人，因成為海盜時年紀較輕，故被稱為張保仔。他本為漁民之子，卻在一次出海捕魚途中被搶走，後來跟隨鄭一。1807年，鄭一遇上海難，鄭一嫂繼承其位。張保仔得其重用，以東涌作為海盜的大本營，建立紅旗

| 古蹟資訊 | |
|---|---|
| 名稱 | 張保仔洞 |
| 級別 | 沒有評級 |
| 區域 | 離島 |
| 地址 | 離島長洲張保仔路 |
| 前往方法 | 於中環港外線碼頭乘渡輪往長洲 |
| 開放時間 | 全日 |

海盜稱霸廣東沿岸。張保仔全盛時期手下過萬，並擁有船隻 300 艘。

清軍曾多次圍剿紅旗張保仔，但屢戰屢敗。1809 到 1810 年間，清廷水師派出兩廣總督百齡的大軍進剿張保仔，以「禁絕岸奸策」的策略，斷絕張保仔從岸上居民取得糧食火炮，雙方在東涌以及赤鱲角交戰，張保仔首嘗敗績。有關他的下場就流傳着這樣的說法：他決定接受招降，協助朝廷消滅海盜，後來官至安閩協副將。相傳張保仔洞就是他用來收藏搶掠回來的金銀的地方。

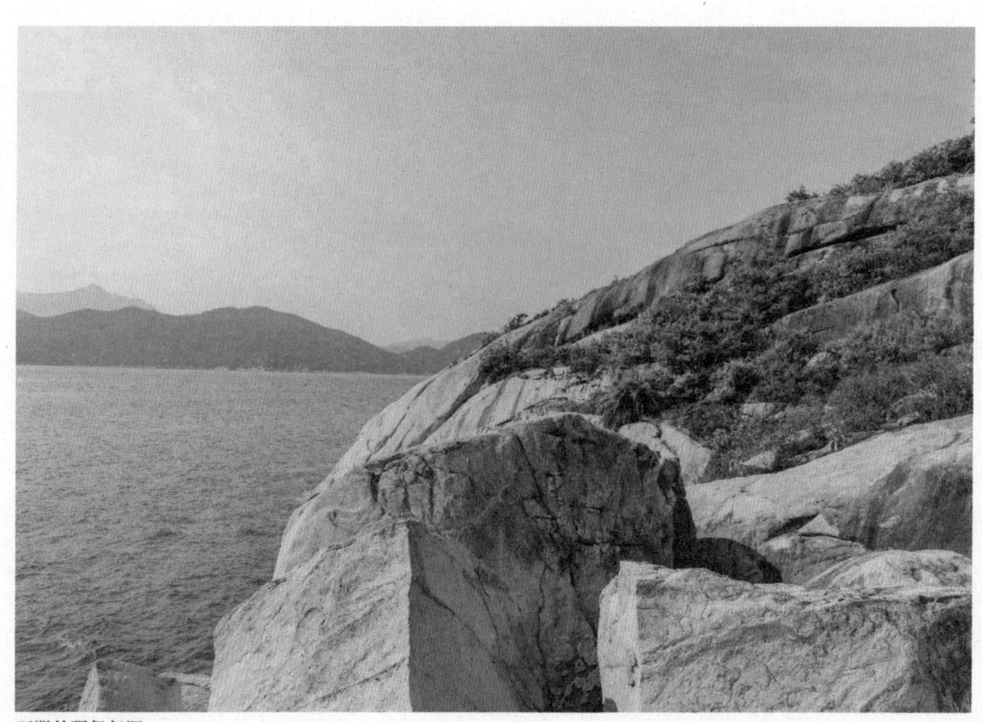

西灣的張保仔洞

# 導賞路線 B：長洲界石之旅

來到長洲最後一項的古蹟，一些足夠大家花一天時間尋覓的古蹟，就是長洲界石。界石顧名思義就是作劃分地界之用，出現的地方不僅是維多利亞城，還有港九新界各處。

阿蹟認為，長洲的界石是最能反映長洲百年變遷的古蹟，亦能令大家認識長洲居民昔日所面對的不平等、辛酸的日子。一共 15 塊的界石早已失去其劃分南北長洲的功用，但其歷史的價值依然長存，奈何多年來界石無人管理，任其荒廢。

## 古蹟的故事

要追溯界石的歷史，就要由百年港英政府的政令說起，在 1919 年的《長洲（居所）條例》（第 14 號法令）中，殖民地政府將南部的山頂劃為高尚住宅區，豎立了 15 塊界石界定範圍，界石以南居住的人必須向政府申請，實際上是以此方法分別貧窮的居民。長洲的中部就立有界石 15 塊，以花崗岩修琢而成，高約半米呈尖頂正方柱體，並刻有文字「No.141919」以資識別。儘管現時的界石已失去其功用，但其歷史意義絕不能被輕視。

有關長洲界石的數目，一直流傳是有 15 塊，現時仍未被歸納為任何級別的歷史建築或古蹟，而當中僅存的只有 11 塊。界石起始的位置是南部鯆魚灣，一直延伸到東北端南蛇塘。界石的現況可能有變，除了已知尋獲的界石，原來失蹤的 1 號界石已在私人的西園農場內被尋回及重置。

按照目前發現或曾被發現的界石位置，仍能描繪出當年界石所劃分的界線，下列有關界石的位置，單憑實地考察無法尋獲所有界石，有賴前輩們提供的界石資料，特此鳴謝。

界石正面

13 號界石

## 長洲界石分佈（由香港歷史研究社提供資料）

| 編號 | 位置及狀況 |
| --- | --- |
| 1 | 西園農場內被重新發現並安放，惟農場為私人土地，只可通過入住露營進入。 |
| 2 | 山頂道西自助美經援村 60 號的泥坡上，下半部分被埋在泥土之中。 |
| 3 | 位於西灣路滿瑜居墳場密林內。 |
| 4 | 長洲墳場內的主通道，火葬場以北。 |
| 5 | 文獻記載乃立於 4 號界石以東距約 8 米的通道之上，現已重置在長洲墳場內。 |
| 6 | 位於長洲墳場通往圓桌第三村的石屎小徑，轉彎位旁過澗之密林內距綠色建築物「桀務樓」以北約 10 米的泥坡上。 |
| 7 | 在信義村 61 號單位旁，通過對面的小道進入花圃，界石就在芭蕉樹旁。 |
| 8 | 原位處風帆徑海景台 A&B 座東面一帶，現時下落不明。 |
| 9 | 位處雅寧苑豪澤閣對面的村屋旁，下半部分與水泥斜坡融為一體。 |
| 10 | 大石口區長洲堂錦江小學以西一帶，但此區亦建成住宅區，界石下落不明。 |
| 11 | 現存在半山路的私人住宅內。 |
| 12 | 估計在喜士路一帶，但此區經過重建，界石下落不明。 |
| 13 | 長洲山頂道 1A 的大樹下，下半部分被泥土掩蓋。 |
| 14 | 在長洲醫院地下的走廊，已加建閘門。 |
| 15 | 曾有學者推斷在長洲醫院附近的海灣，但其位置與 14 號界石極為相近，15 號界石是否存在仍然是一個疑問。 |

# 導賞路線C：昔日的工業小島——坪洲

在長洲以北的九公里，有着另一個與世無爭的海島，與長洲相比，這個海島之上既沒有太平清醮，又不是以旅遊度假而聞名。到底坪洲是一個怎樣的小島呢？阿蹟就帶大家一探個究竟！

坪洲古稱平洲，因其地勢平坦而得名，其外形如同一個「凹」字，面積不足一平方公里。坪洲雖不為香港的假日旅遊勝地，但其實在這細小的島嶼亦留有不少歷史遺蹟。

坪洲過往留傳下來的歷史資料較為貧乏，根據文獻坪洲在唐宋年間已有漁民聚居於此，而在清朝期間已成為一個非常發達的漁港，魚類交易繁多，全盛時期更有 200 多艘漁船在附近作業。後來隨着經濟轉型，坪洲已經發展為一個物流中心，成為鄰近島嶼的主要物資供應站及貿易中轉站。因此，在這漁業及船務運輸繁盛的坪洲上，建有不少廟宇神壇，包括天后宮及龍母廟等，以祈求水上平安，漁獲豐收。

漁業豐富是坪洲其中一個特點，但昔日的坪洲有着不為人知的一面。在維多利亞城中，大部分的工業及厭惡性的設施

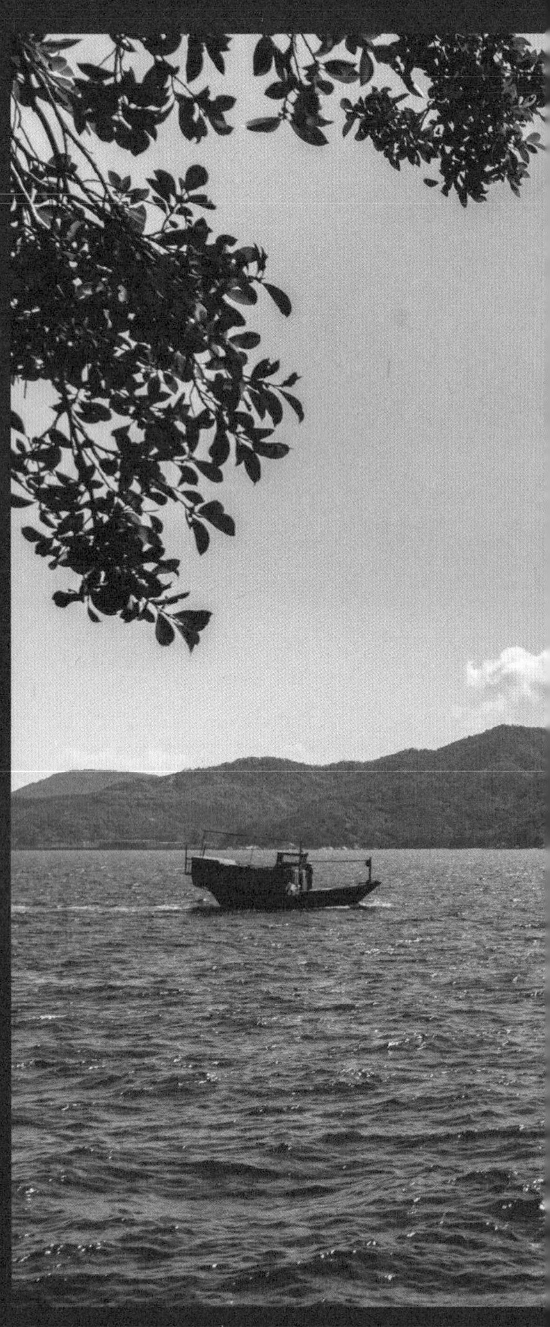

# 坪洲古蹟導賞圖

東灣

金花廟

奉禁封船碑、天后宮

永安街石屋

公立志仁學校

牛皮廠

坪洲渡輪碼頭

前坪洲戲院

勝利灰窰廠

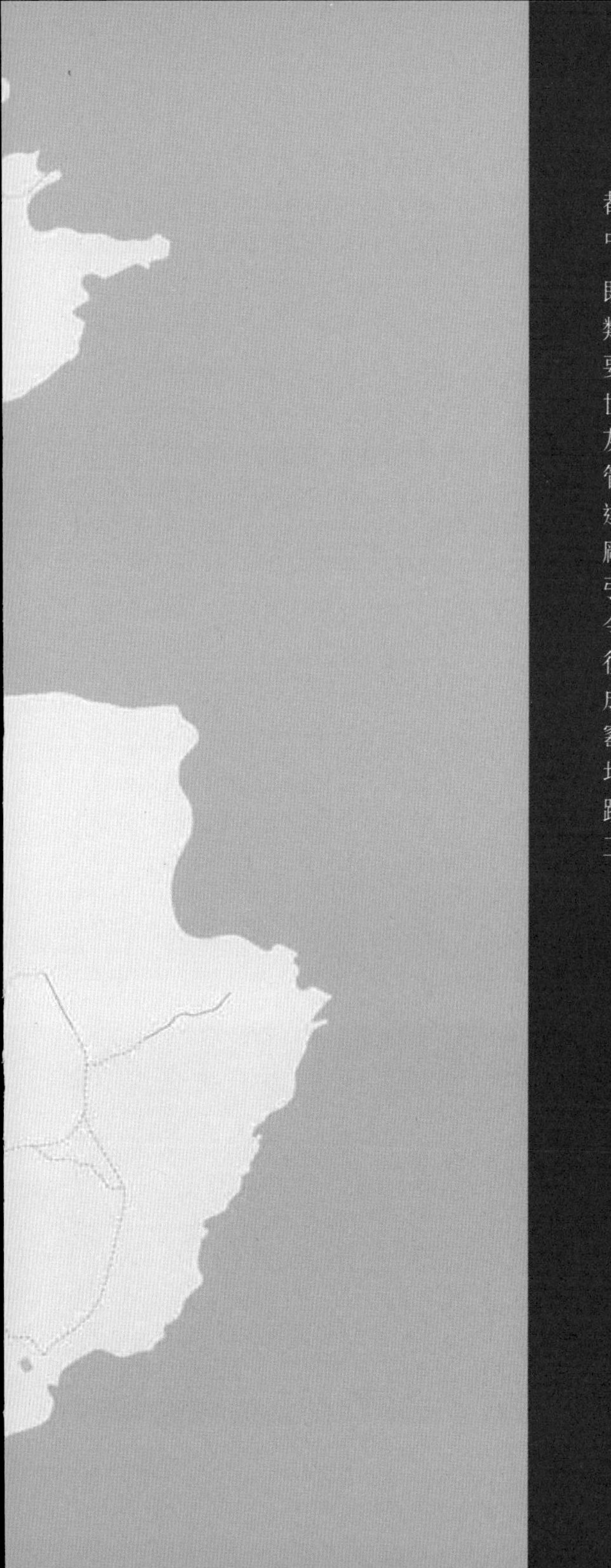

都被設立在以前的堅尼地城；而離島中的工業區，就以坪洲馬首是瞻。

既為海島，坪洲的產蜆量十分豐富，類天然資源可用來燒煉成早期香港的要建築材料——白石灰。因此，在世紀初，坪洲漸漸成為全港最大規模灰窰集中地，其後更出現了牛皮廠、管廠、火柴廠、藤器廠及瓷器廠等達 30 多種工業。全盛時期有過百間廠，為居民提供了大量就業機會，亦引了其他地區的居民來此工作及聚居令坪洲成為香港獨一無二的工業小島後來工業式微，倒閉的工廠大部分已成頹垣敗瓦，遺留下來的勝利合記石窰廠、大中國火柴廠及牛皮廠遺迹，均被列為三級歷史建築。這次的尋蹤蹟，就會帶大家來到坪洲，體驗昔日工業小島是如何的與世無爭。

第一站

# 坪洲勝利灰窰廠

考慮到遺址的分佈，阿蹟就把第一站定為勝利灰窰廠。從坪洲碼頭出發，沿永安橫街走，一直沿着海邊前進，約十分鐘就能到達。坪洲除了漁業，灰窰曾經也是坪洲重要的產業。坪洲曾是全港最大規模的灰窰集中地，但這段輝煌的灰窰業歷史，只留下一座破舊的灰窰廠遺址作為見證。

## 古蹟背景

根據文獻記載，早在唐代香港的離島已有人以蠔殼、蜆殼和珊瑚等為原材料燒製石灰，除了能燒煉成建築材料外，還可用作肥料、殺蟲劑及除草之用。灰窰是以耐熱建材築成的灶，用作燒煉石灰。十九世紀至二十世紀初，灰窰業為香港四大初級產業之一，其餘三大為種香（生產香木及香粉）、產鹽及採珠。

**古蹟資訊**

| 名稱 | 坪洲勝利灰窰廠 |
|---|---|
| 級別 | 三級歷史建築 |
| 區域 | 離島 |
| 地址 | 坪洲南灣 2 號 |
| 前往方法 | 坪洲出發，右轉並沿海一直走約 10 分鐘 |
| 開放時間 | 不對外開放，但可在外圍參觀 |

**勝利灰窰廠遺址，現為三級歷史建築**

勝利灰窰廠

由於坪洲四面環海，位處珠三角洲和南中國海的鹹淡水交界，天然資源豐饒，有大量蜆、蠔棲息於附近，因而成為坪洲發展灰窰業的有利因素。於十九世紀末，坪洲的灰窰工業抬頭，全盛時期島上設有多達 11 間灰窰廠。然而，到了 1950 年代，本地的灰窰的石灰不敵價格便宜的中國及日本入口英泥、白灰，灰窰工業日漸式微，繼而陸續關閉。

坪洲的灰窰業，以位於島北的大利灰窰廠及南灣尾段的勝利灰窰廠最具規模，後者更是坪洲現時僅存的灰窰廠。勝利灰窰廠建於近半世紀以前，現被列為三級歷史建築。廠房裡有兩棟房子，其中一棟有兩層高，可略知當時工廠的規模。根據當地居民憶述，灰窰廠附近位置終天都被灰霧覆蓋。可是從現時的照片可見，灰窰廠外牆剝落，工廠的石刻招牌除了「勝利」兩字，其他字亦已難以辨認。從外窗窺視進去，工廠內部牆壁斑駁，木梯破舊，窗框、鐵閘早已佈滿鐵鏽，似乎即使有三級歷史建築的認評亦無助古蹟的保育。阿蹟尋訪勝利合記石灰窰廠時，人煙罕至、雜草叢生，遺址前方更設有地盤，泊有推土機及堆有沙石，似乎若想一睹這座灰窰廠的話，可要把握時間了。

牆壁斑駁，木梯破舊

# 第二站 坪洲戲院

坪洲戲院

沿聖家路走約六分鐘，就能從坪洲勝利灰窰廠到達坪洲戲院。坪洲這個島嶼，曾經不少人在此工作、居留，雖然與外面相隔、遠離都市，卻也十分繁華。當時為一眾島民提供娛樂的其中一個的地方，曾經是香港第二個離島戲院的坪洲戲院。

## 古蹟背景

坪洲戲院於 1978 年 2 月 7 日開幕，每當有電影上映，戲院都會變得非常熱鬧，不少人前來看電影。然而，九年過後，由於人流長期不足，戲院最終於 1987 年結業，一直荒廢至今，留有殘舊的招牌及斑駁的外牆，大閘外放置了不少雜物。現時戲院屬私人地方，外人不能進入。

坪洲戲院亦流傳一個鬼故。在 2010 年，巡警在戲院內發現一名男子吊頸自殺，救出時已證實死亡。其後，不少居民曾表示有腳步聲從戲院內傳出。古蹟辦曾審視坪洲戲院，為這個建築進行評估，但由於坪洲戲院於 1960 年代後才落成，古蹟辦最終建議戲院為毋須評級的建築物。

| 古蹟資訊 | |
|---|---|
| 名稱 | 坪洲戲院 |
| 級別 | 不獲評級 |
| 區域 | 離島 |
| 地址 | 坪洲圍仔街 15 號 |
| 前往方法 | 從灰窰廠往聖家路步行 6 分鐘 |
| 開放時間 | 已結業 |

# 第三站 公立志仁學校

從戲院前的志仁街左轉，就是公立志仁學校所在之處。昔日離島區的交通系統尚未發達，學童要讀書就學就只能入讀島上的學校，坪洲公立志仁學校就是其中一間。

## 古蹟背景

坪洲曾經有三間幼稚園及三間小學，現只餘下兩間幼稚園及一間小學仍在運作。坪洲公立志仁學校，是其中一間已停辦的小學，於 1930 年創校，在 1939 年被颶風吹倒後再次由島民集資重修，至今已有 80 多年歷史，於 2010 年被古諮會評為二級歷史建築物。

志仁學校運作模式與典型的鄉村學校無異：學校經由村民集資創建，在「重男輕女」的封建制度下，入讀的學生多以男生為主，

| 古蹟資訊 | |
|---|---|
| 名稱 | 公立志仁學校 |
| 級別 | 二級歷史建築 |
| 區域 | 離島 |
| 地址 | 坪洲東灣志仁里 9 號 |
| 前往方法 | 在坪洲戲院前的志仁街左轉 |
| 開放時間 | 已停辦 |

於 2010 年被古諮會評為二級歷史建築物

學生在入讀以前，還要先參拜孔子像。有別於現在的小學教程，當時學生所學的是《三字經》和「四書五經」等傳統文化經典，以及珠算的運用。後來殖民地政府開始設立新學制，學校將讀本改為《香港漢文》，全書共九冊，另有「常識」、「地理」、「歷史」、「尺牘」、「中華故事」等科目。

志仁學校辦校初期只有約十餘學生，至1950年代，因島上適齡學童大增，校舍不敷應用，因此在原址北面擴建。志仁學校最高收生人數有三、四百人之多。後期學生人數減少，志仁學校最終走向停辦的結局，留下空置的校舍至今。

雖然志仁學校已停辦，但它依然是坪洲居民重要的活動地點之一。現時島上每年農曆七月廿一日都會舉行禡行鄉——天后娘娘出遊，為坪洲最大型的節日。 巡遊隊伍會以志仁學校作為休息站，並供居民於天后像前上香敬拜。同時戲班人員及瑞獸亦會表演一番。

對於這個小小的島嶼，志仁學校乘載着老居民的集體回憶及現存生活文化。可是，該學校的地皮早於2014年以2,100萬港元批出，或用以興建洋房。志仁學校，或許亦難逃被拆卸的命運。

志仁學校校舍

# 第四站 活化後的牛皮廠

志仁街的左方，就是活化後的牛皮廠

| 古蹟資訊 | |
|---|---|
| 名稱 | 牛皮廠 |
| 級別 | 三級歷史建築物 |
| 區域 | 離島 |
| 地址 | 坪洲永安街 21 號 |
| 前往方法 | 從志仁街左轉 |
| 開放時間 | 全日 |

薄扶林從前有個大牧場，坪洲有工業，似乎都是大家無法想像的一段歷史。坪洲除了有灰窰廠及火柴廠，當時工業繁盛期間，島上亦曾經有牛皮廠，分別是福源牛皮廠及廣發牛皮廠。

## 古蹟背景

兩間牛皮廠均於 1930 年代初設，主要把在市場剝下的生牛皮進行加工處理，然後作出口銷售。牛皮廠別具歷史意義，遺址於 2010 年被列為三級歷史建築。

灰窰廠、火柴廠及牛皮廠為坪洲當年三大

牛皮廠（鳴謝《明報》）

重要工業，提供不少就業機會，讓當地居民得以生活。據當地居民憶述，當時牛皮廠外一堆堆未經處理的牛皮高得像山一樣，可想像當時工廠規模不小。然而，在日佔時期（1941-1945 年），規模較大的福源牛皮廠生產被迫暫停運作。後來戰爭結束，工廠恢復運作，惟進口牛皮價格便宜，生意大不如前，再因人造皮的引入導致對皮革的需求大幅減少，牛皮廠逐漸失去競爭力，最終於 1975 年正式結業。結業前，部分廠房曾分租給電子、針織和織籐等行業。

## 建築特色

牛皮廠主要是單層的傳統中式民居建築，結業後一直被丟空，經歷風吹雨打，缺乏維護措施，現已剩下破落的磚牆。早幾年前，遺址只是被居民放置垃圾的廢墟，後來一位當地居民於附近租了一間店舖，並用了七年時間將遺址活化成「秘密花園」，利用廢物製作成藝術裝置，開放予遊人參觀。

# 第五站 坪洲永安街石屋

當地工廠員工昔日的居所，現為三級歷史建築

結束牛皮廠的參觀後，只要沿永安街前行，就能到達石屋、天后廟和金花廟。

坪洲早期的居民大部分都是靠海上捕魚維生，通常居住在木屋或海邊的棚屋，甚為簡陋。後來坪洲工業繁榮，在建材豐富的情況下，不少人開始建設和租住石屋或磚屋。現在到坪洲尋訪，亦可看到不少以前遺留下來的石屋，仍然未有全部被拆掉。位於永安街的石屋，相對比較完整地保留下來，現已被評為三級歷史建築。

| 古蹟資訊 | |
|---|---|
| 名稱 | 永安街石屋 |
| 級別 | 三級歷史建築 |
| 區域 | 離島 |
| 地址 | 坪洲永安街 |
| 前往方法 | 坪洲碼頭前方，就是永安街石屋 |
| 開放時間 | 全日 |

## 建築特色

只要從碼頭一直向前走，便會看到永安街石屋。石屋是以花崗岩建成的雙石建築，金字形屋頂由板瓦和筒瓦砌成，估計在1936年前建成，至今已有至少80年歷史。當時租住的不少為當地工廠員工，包括火柴廠工人。樓梯之上，共可住數十人。

石屋不對公眾開放，現時的石屋就設有一系列的現代化設施，如增設了冷氣機槽、無線天線等。

第六站

# 坪洲奉禁封船碑

坪洲奉禁封船碑

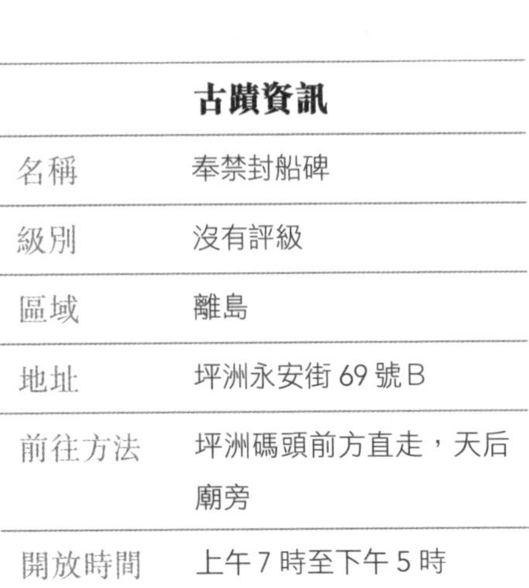

| 古蹟資訊 | |
|---|---|
| 名稱 | 奉禁封船碑 |
| 級別 | 沒有評級 |
| 區域 | 離島 |
| 地址 | 坪洲永安街 69 號 B |
| 前往方法 | 坪洲碼頭前方直走，天后廟旁 |
| 開放時間 | 上午 7 時至下午 5 時 |

第六站要帶大家來的是奉禁封船碑，大概是坪洲所餘無幾保留下來的第一手歷史資料，就了解坪洲早年的漁業海運發展，有着極具珍貴的價值，而這塊石碑到 2010 年才被列為三級歷史建築。

奉禁封船碑一直安放在坪洲天后官旁、今

坪洲鄉事委員會門前，石碑於道光十五年（1835 年）七月十日由新安縣正堂盛某經船民同意所立，此碑高約兩米，要注意的是碑上的「船」字為「舟」、「公」二字並排拼成。

石碑所記載的是一件發生於漁民、官兵、海盜之間的史事：坪洲以漁業發跡，有不少漁民以此為生。根據碑文記述，道光年間，香港沿海一帶海盜猖獗，新安縣的官吏常常向坪洲的漁民輪流徵用兩艘漁船，假扮成一般商船，實暗藏大批官兵，以誘捕海盜。漁民以漁船為謀生工具，此封船行為令漁民的生活大受影響，一旦船隻被封用，便不能出海作業，生計大受打擊。雖然此封船誘捕海盜的行為會按船上舵工水手的人數而提供糧食津貼，惟只計算家中男丁的數目，忽略了女性，故所發的糧食並不夠一家人餬口。再者，漁民一般以漁船作為家，家眷與官兵在漁船共處實為不便，因此漁民黃勝興等人便奏請朝廷禁止地方官吏濫徵漁船，並合資另造船隻規定作剿盜之用，自資立下此碑為證。

至於為何把石碑放置在天后宮旁，原來是為了得到天后保佑免受海盜掠劫，同時亦令官兵不敢於天后面前出爾反爾。奉禁封船碑所記載的，就是坪洲早年的平凡人生活。

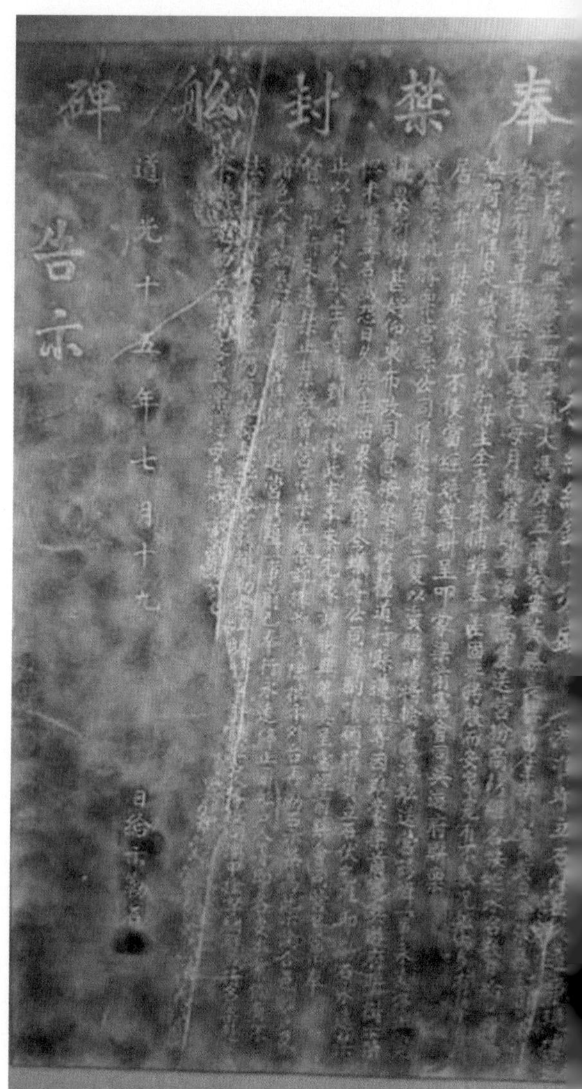

拓片：此碑高約兩米，碑上的「船」字為「舟」、「公」二字並排拼成（圖片由 Chan chun kit 提供）

# 第七站 坪洲永安街天后宮

**古蹟資訊**

| | |
|---|---|
| 名稱 | 永安街天后宮 |
| 級別 | 三級歷史建築 |
| 區域 | 離島 |
| 地址 | 坪洲永安街 69 號 B |
| 前往方法 | 坪洲碼頭前方 |
| 開放時間 | 上午 7 時至下午 5 時 |

坪洲與長洲的發展背景相近，從事漁業的島民多信奉天后、北帝和洪聖數位守護海洋的神祇。在坪洲眾多廟宇中，最有名的一座廟及被列為一級歷史建築物的，就只有永安街的天后宮。早期的漁民相信，通過拜祭和信奉神祇，能保坪洲風調雨順。永安街天后宮建於乾隆五十七年（1792 年），於嘉慶三年（1798 年）重修，至光緒二年（1876 年）重建，但基本建築佈局沒有太大改動。

## 建築特色

天后廟是一所兩進式的小型建築，門額石刻「天后宮」為重修時建立。廟內除了置有清朝年間鑄造的古鐘（1752 年）、香爐及重修碑記外，亦有多副對聯。該廟有趣之處，是內裏置有一條鯨魚骨，約長五尺闊半尺，據稱是於百年前漁民用來奉獻天后。廟內亦供奉一檀香木，聽聞有辟邪之用。

## 古蹟的故事

有關張保仔的故事，不僅在長洲流傳，他的足跡亦曾踏上坪洲天后宮。相傳張保仔曾計劃劫掠坪洲，正當他登島之際，突然一陣狂風，將船旗吹散。張保仔大驚，立刻到天后宮拜祭求籤，求得籤語「保家衛國」，便改變主意，保護坪洲。故有指置於廟內於 1837 年由黃榮美所書的對聯正正紀錄此事。

除了天后誕，每年農曆七月廿一日，坪洲居民都會舉辦稱為「亞媽行鄉」的活動。這活動的由來，是相傳坪洲曾發生一場大瘟疫，居民束手無策，只好請天后娘娘出巡消災解難。不料出巡後幾天，瘟疫全消，從此天后娘娘出巡變成習俗，以保佑島上居民。

**修葺中的永安街天后宮**

# 第八站 金花廟

| 古蹟資訊 | |
|---|---|
| 名稱 | 金花廟 |
| 級別 | 沒有評級 |
| 區域 | 離島 |
| 地址 | 坪洲永安街 |
| 前往方法 | 從天后廟前左轉，再右轉入永安街小巷 |
| 開放時間 | 上午 7 時至下午 5 時 |

在坪洲天后廟的後方，供奉着一位名為金花娘娘的神祇，她的名字亦在前文介紹的灣仔洪聖廟中曾經出現，到底金花娘娘是一位怎樣的神祇，又為何會獨一無二地出現在坪洲這個小島之上呢？

## 神祇簡介——金花娘娘

金花娘娘，又有金花夫人、金花聖母的稱號，與觀音娘娘和天后同位九位天上大神。有關金花娘娘的起源，就主要流傳着三個傳説。其一，金花娘娘原為唐朝前的武將之女，天資聰穎、文武雙全，可惜生不逢時。眼見貪官當道、民不聊生，她只好化身俠女，劫富濟貧。她的事迹被廣傳，亦引起了官府的注意，在一次的追捕中，她被逼至山洞中躲藏。後來，在她的父親和民眾的搜索中，發現洞穴中有一人形化石，正是這位俠女，受過幫助的民眾立即拜祭供奉。

其二，在屈大均《廣東新語》中，金花本為一名女性的巫師，少年時不幸溺斃，屍身不腐並散發奇香。後來當地人在湖中發現狀似金花的木頭雕像，並認為是神明的轉世，以求子而聞名。

其三，金花同樣是文武雙全，在戰爭的期間保護了不少流離失所的兒童，戰爭結束後就把他們送回原來的家庭或重新安置，此義舉被帝王封她為金花保子惠福夫人，後人更立廟供奉，每年的農曆四月十七日，就是金花誕。

## 古蹟的故事

**金花廟的起源**

據坪洲金花廟的記錄，相傳在五百年前的一天，有一漁夫在坪洲海域捕漁期間，撈獲一塊刻有「金花禡」的人形木頭，漁夫把該塊木頭安放在船頭，自此以後魚穫豐收。其他漁民得知此事，就紛紛以紙張仿效，同樣漁穫豐收。事件廣傳後，島民就

金花廟在 1978 年時曾經進行過重建，已經不是 1762 年時設立的外貌

在坪洲建設了一間簡陋的坪洲金花廟，這是現時金花廟的前身。

到了乾隆二十七年（1762 年）時，有位名為賴國文的藥師就為醫治身患重病的妻子四出尋藥，路經坪洲就發現金花廟，藥師誠心跪拜祈福，後來妻子康復，這位藥師就重回坪洲，重建坪洲金花廟。今日的金花廟，在 1978 年時曾經重建，已經不是 1762 年時設立的外貌。

## 金花廟與關德興師傅

乘搭渡輪至坪洲碼頭後，沿露坪街轉入永安街的小巷，就能到達金花廟。現時的廟宇旁邊有一八卦形的古井，廟後有一名為「上苑」的建築，「上苑」就是金花娘娘的坐宮，用作接待各方的神佛，而「上苑」二字是由著名粵劇演員和武術家關德興師傅所題。提起這位大人物，原來曾有一段引人入勝的故事，令關德興師傅和金花廟結下不解之緣：

相傳在 1981 年，關德興師傅在日本公幹時，得到金花娘娘報夢，指示他於金花誕的日子進入坪洲祝壽，屆時會有主持迎接。據説當時的金花廟真有主持得到金花娘娘的報夢。自此以後，每逢金花寶誕，關師傅都會帶同弟子和好友陸智夫師傅一同帶領金龍及醒獅隊到坪洲。關師傅逝世後，他被封為護法大將軍，協助金花聖母普渡眾生。現時金花娘娘身旁的神像，就是由其兒子關漢泉先生按關師傅的形象塑造。

# 坪洲鋼管廠 不存在的

### 古蹟資訊

| 名稱 | 坪洲鋼管廠 |
|---|---|
| 級別 | 三級歷史建築 |
| 區域 | 離島 |
| 地址 | 坪洲北灣舊村 |
| 前往方法 | 上岸後沿坪州永安街向金坪邨方向走約 10 分鐘，再左轉走約 5 分鐘 |
| 開放時間 | 已清拆 |

尋蹤覓蹟到訪坪洲考察的時候，實際上有不少歷史建築早已被嚴重破壞，甚至夷為平地。到訪當日都沒有找到鋼管廠的原址，是次的圖片全憑熱心的前輩提供，阿蹟在此表示萬分的感謝。

要知道，坪洲昔日是香港的工業小島，除了火柴廠，牛皮廠和灰窟廠外，以上都是輕型的工業，令你意想不到的是坪洲竟有重型工業的鋼管廠。

坪洲鋼管廠於 1964 年 12 月 21 日開幕，由香港鋼管有限公司管理，裝置有多部不同大小的自動捲鋼電焊機器，可製造 18 寸至 60 寸口徑的鋼管，鋼管產品可供應有關水、煤氣、電路、礦山等各項需求。坪洲鋼管廠當時亦聘有數名外國經驗工程師，訓練香港本地工程師及技術人員有關機械操作，產品控制及檢驗等等。鋼管廠內設備、工作人員精良，可見當日坪洲鋼管工業十分成熟及先進，但昔日的輝煌卻早已與鋼管廠一同消逝。

廠房（圖片由香港歷史研究社提供）

外貌（圖片由香港歷史研究社提供）

第十站

# 已消逝的大中國火柴廠

以石劃界，大中國火柴廠現時只剩下部分遺址和劃界用的界碑（Chan Chun Kit 提供）

| 古蹟資訊 | |
|---|---|
| 名稱 | 大中國火柴廠 |
| 級別 | 三級歷史建築 |
| 區域 | 離島 |
| 地址 | 坪洲北灣舊村 |
| 前往方法 | 鋼管廠前方，就是火柴廠的遺址 |
| 開放時間 | 已清拆 |

坪洲工業的發展並非百花齊放的形式，而是階段性的興衰。參觀勝利灰窰廠的遺址後，緊接着的是火柴廠的遺址。坪洲灰窰業日漸式微之時，卻是火柴工業發展之初。今次向大家介紹的，是香港曾經最大的火柴廠——大中國火柴廠。

## 古蹟背景

大中國火柴廠的創立人劉鴻生，由 1900 年代初在中國各地興辦火柴公司，故被稱為「火柴大王」。惟於 1930 年代，中國正值內憂外患之際，劉鴻生為了避戰，開始將部分資金投資海外，包括當時在英國統治下的殖民地——香港。

劉鴻生本來打算在長洲設廠，卻因火柴廠屬危險工業而遭當地人反對。碰巧當時適逢坪洲灰窰業息微，北灣的灰窰廠結業，不少居民失業，坪洲居民委員會明白儘管火柴廠屬危險工業，惟能帶給當地居民工作，而劉鴻生亦答應會做好安全設施及優先聘請坪洲居民，坪洲居委會便將地皮賣給劉鴻生。劉鴻生接着買了坪洲東北面大部分土地，於1939年興建了大中國火柴廠，設立了 18 個部門及 23 個貨倉，於 1940 年代初聘僱了一千多名員工，其火柴成品更遠銷至東南亞、巴西，成為當時全東南亞最大的火柴工廠。另外，由於當地女性較少機會接受教育，大中國火柴廠多數員工亦為女性，其後於 1956 年設立婦女夜校，讓女工下班後學習、進修。

可惜 1970 年代起，打火機日逐漸普及，加上東南亞國家亦開始自立火柴工廠，中國火柴難以競爭，大中國火柴廠最終於 1970 年代末結業，遺址直至於 2010 年被定為三級歷史建築。現在遺址一部分地方已改建成住宅，而當時火柴廠用以劃清廠址界線的界碑，至今只剩下數塊隱沒於荒野之中。大中國火柴廠現為私人擁有，古蹟辦在 2012 年曾打算進行發展及保育，惟遭業主拒絕。

## 古蹟小知識

大中國火柴廠曾是東南亞最大的火柴廠，一共設有 18 個部門，40 年代全盛時期招聘過千名員工，到底一盒小小火柴，會經過哪 18 個部門，才到達顧客的手中？

以下就是當年火柴廠的 18 個部門，工廠流水式的作業，絕對令人驚嘆竟有如此精細的分工：

| 部門 | 職責 | 部門 | 職責 |
| --- | --- | --- | --- |
| 1　運輸部 | 運輸原材料和製成品出入廠房 | 10　包裝部 | 把製成品包裝封存入箱 |
| 2　木材處理部 | 把原材料削去樹皮 | 11　木箱部 | 製造儲存火柴的木箱 |
| 3　開料部 | 把木材鋸成塊狀 | 12　人事部 | 管理廠房員工 |
| 4　設計部 | 設計火柴盒和招紙 | 13　會計部 | 財務工作 |
| 5　印刷部 | 印刷火柴包裝 | 14　採購部 | 採購原材料 |
| 6　火柴製造部 | 把準備好的木條染上火藥 | 15　出入口部 | 成品出入口 |
| 7　火柴盒裝嵌部 | 把木片組裝成盒 | 16　員工福利部 | 提供員工福利 |
| 8　貼招紙部 | 貼上印刷好的招紙 | 17　物料部 | 物資安排管理 |
| 9　入盒部 | 把完成的火柴入盒入箱 | 18　公關部 | 宣傳 |

火柴廠石碑原位（鳴謝《明報》）

## 第十章參考資料及延伸閱讀

香港歷史研究社：〈「長洲南十五界石」搜索行動〉，2007

許輝程：〈長洲古蹟文物〉，群峰學會，2009

許輝程：〈長洲廟宇建築〉，群峰學會，2009

## 參考資料及延伸閱讀

丁新豹：〈紅香爐與紅香爐天后廟〉，《香港歷史博物館專題文章》，1999

丁新豹：《非我族裔：戰前香港的外籍族群》（香港：三聯書店，2014 年）

丁新豹、黃迺錕：《四環九約（書）》（香港：香港歷史博物館，1999 年）

丁新豹：《香港歷史散步》（香港：商務印書館，2008 年）

丁新豹：《跑馬地墳場初探》（香港：香港當代文化中心，2018）。

古物諮詢委員會：《列為香港法定古蹟的石刻和刻石》（2011）

香港史學會：《文物古蹟中的香港史 I》（香港：中華書局，2014）

香港歷史研究社：〈「長洲南十五界石」搜索行動〉，2007

陳天權：〈中區警署〉，香港記憶網頁，2014

許輝程：〈長洲古蹟文物〉，群峰學會，2009

許輝程：〈長洲廟宇建築〉，群峰學會，2009

秦維廉：《香港古石刻》（香港：作者自刊，2009）

施志明：《本土論俗：新界華人傳統風俗》（香港：中華書局，2016 年）

梁濤：《香港東區街道故事》（香港：三聯書店，1995 年）

黃佩佳：《香港本地風光．附新界百詠》（香港：商務印書館，2017 年）

黃棣才：《圖説香港歷史建築 1920 – 1945》（香港：中華書局，2015 年）

黃家樑：《藏在古蹟裡的香港》（香港：三聯書局，2014）。

蕭國健：《香港古代史（修訂版）》（香港：中華書局，2006）。

STORMONT, DIANE(2006), The Dairy Farm Story 1886-2006. Hong Kong. Hongkongnow.comLimited.

Tere Wong ：〈跑遊元朗錦田鄉 (10)——永隆泰康吉慶〉，2014

WatershedHK：〈香港保衛戰當年今日系列〉，輔仁媒體，2017

## 鳴謝

本書得以順利出版，全賴各位的支持和協助，部分缺少文獻記載的古物古蹟，亦全賴有心人的整理和收集，才能重新呈現到大家的眼前。在此，尋蹤覓蹟由衷地感謝各位，希望在日後能與各位互助互勉。以下為協助過本書出版的公司／團體／組織／個人，排名不分先後：

牛奶國際控股有限公司

長洲足跡

香港歷史研究社

香港郵政

跑遊元朗

道風山基督教叢林

聖約翰座堂

# 線下導賞
# 屢見仍鮮的香港古蹟

作者：陳國豪、黃柔柔
出版經理：林瑞芳
責任編輯：吳敏儀、王艾絲
封面及美術設計：YU Cheung
協力：趙文偉
出版：明窗出版社
發行：明報出版社有限公司
香港柴灣嘉業街 18 號
明報工業中心 A 座 15 樓
電話：2595 3215
傳真：2898 2646
網址：https://books.mingpao.com
電子郵箱：mpp@mingpao.com
版次：二〇一九年七月初版
二〇二〇年六月第二版
ISBN：978-988-8526-28-4
承印：美雅印刷製本有限公司